学术规范与研究方法丛书

Ten Lectures on Academic Writing

学术写作十讲

卞冬磊 ◎著

让论文**灵动**起来
"保姆级"学术写作指南

北京大学出版社
PEKING UNIVERSITY PRESS

图书在版编目（CIP）数据

学术写作十讲 / 卞冬磊著 . —— 北京：北京大学出

版社，2025.5. ——（学术规范与研究方法丛书）. —— ISBN 978-

7-301-36124-5

Ⅰ. H052

中国国家版本馆 CIP 数据核字第 2025LD5261 号

书　　　名	学术写作十讲
	XUESHU XIEZUO SHI JIANG
著作责任者	卞冬磊　著
丛 书 主 持	张亚如
责 任 编 辑	张亚如
标 准 书 号	ISBN 978-7-301-36124-5
出 版 发 行	北京大学出版社
地　　　址	北京市海淀区成府路 205 号　　100871
网　　　址	http://www.pup.cn　　　　新浪微博：@ 北京大学出版社
微信公众号	通识书苑（微信号：sartspku）　科学元典（微信号：kexueyuandian）
电 子 邮 箱	编辑部 jyzx@pup.cn　　　　　总编室 zpup@pup.cn
电　　　话	邮购部 010-62752015　发行部 010-62750672
	编辑部 010-62767346
印 刷 者	河北滦县鑫华书刊印刷厂
经 销 者	新华书店
	650 毫米 ×980 毫米　16 开本　12.5 印张　160 千字
	2025 年 5 月第 1 版　2025 年 8 月第 2 次印刷
定　　　价	45.00 元

目　录

第一讲
理解论文：学术写作的形式逻辑

中国人写文章讲求"文无定法"，或任由性情之所至肆意挥洒，或希望文章的形式千变万化。这种"灵动"似乎是写作的至高境界。但不拘一格的背后，深藏的是对文体"规范"的熟练和自信。对于学术写作而言就更是如此了，因为作为高度理性化的知识，论文有别于散文、小说、诗歌、戏剧、说明书等文体，讲求的是缜密的逻辑。因此，学术写作首先要做到规范，然后才可以去讲求语言、思想或者情感的灵动。

社会学家齐美尔（Georg Simmel）曾将社会区分为内容和形式："任何一定数目的人成为社会，不是因为在每一个人身上都存在着一种由物所决定的或者推动的他个人的生活内容，而且只有当这些内容的活力赢得相互影响的形式时 …… 才从人的单纯空间的并存或者也包括事件的先后，变成一个社会。"[①] 媒介学者麦克卢

[①] 齐美尔：《社会是如何可能的：齐美尔社会学文选》，林荣远译，广西师范大学出版社，2002，第21—22页。本书引文基本遵从原文。为便于阅读和教学使用，个别字词参照现代汉语规范修改，引文中的参考文献、注释等也根据需要省略或调整。

汉（Marshall McLuhan）则区分了媒介的内容与形式，媒介的内容或用途"是五花八门的，媒介的内容对塑造人际组合的形态也是无能为力的"，相反，"媒介即讯息"，任何媒介"对个人和社会的任何影响，都是由于新的尺度产生的"。[①]上述两位学者将内容和形式进行区别比较，有着共同的目的：将形式而不是内容确立为理解社会/媒介的有效路径。

这一认识论也可以移植到学术写作当中。一篇论文当然既有内容又有形式，它们有不同的指向。简言之，内容就是写什么，常常和研究者的兴趣有关，因人而异；形式就是怎么写——开头如何吸引人、问题如何提出、文献如何展开、经验如何组织、理论如何提升、结尾如何收拢，等等。在内容上，每个研究者各有自己的境遇，会形成不同的兴趣或关怀，有的为学术而学术，有的为社会而学术，但这似乎不是写作的问题。相较而言，形式有时候更重要，一方面，这是学术共同体形成的规范，可以使研究者在短期内经由模仿、重复、实践而内化成一种自身的本领；另一方面，形式的合理有助于内容的提升，因为在形式之中隐藏着的是逻辑对内容的框限，比如，我们要证明某个研究议题有价值，形式就会要求你去回溯该议题的学术脉络，在肯定和否定的辩证中——既肯定现有研究的意义又要指出其不足——阐明研究的合法性。有了这样的形式思维，学术价值就可以清晰地呈现。所以，在学术写作中，掌握了形式就会事半功倍。如果我们能理解各个部分的思维过程，并在写作中落实，完成一篇规范的学术论文就不难了。

一篇完整的学术论文，其形式基本是固定的，大概可以分成如下几个部分：标题（摘要）、缘起与问题、文献综述、材料与方法、

---

① 麦克卢汉：《理解媒介——论人的延伸》，何道宽译，商务印书馆，2000，第33—34页。

经验分析或研究发现、理论对话、结论与讨论。这些部分或者说要素，构成了论文的基本形式。每一个要素在论文中都有其存在的理由。所以，第一讲的任务就是言简意赅地阐释学术论文的形式及其背后的逻辑，以便我们对它有一种全局性的理解和把握。

一、标题：论文之眼

标题是作者呈现给读者的第一信息，同时也是论文最凝练的精华，因此其重要性怎么强调都不为过。标题何时确定？每个写作者习惯不同，但大抵在文章构思阶段就应开始想象、设计，并在写作中不断修改。为什么要提前思考呢？因为标题常常可以帮助作者打通思路，指明研究方向和确定研究对象，有时候把标题想通，全文思路也就通畅了。不仅如此，标题还考验表达能力，一个好题目可以让作者愉快，让读者印象深刻。

在我们初学写作的时候，给论文起名字会存在一些明显的问题，主要是：题目太长，不够凝练；常出现"什么视角""以什么为例"等套路化的表达；受到互联网文化的影响，很多题目中还带有网络用语，不够典雅；还有些标题表达不够精确，有时甚至会遮蔽选题的价值。

当下流行的论文标题是主副结构的形式，当然也有更长一些的三级标题形式，试图涵盖更多的信息。譬如黄旦的《报纸革命：1903年的〈苏报〉——媒介化政治的视角》[①]、王昀和刘思佳的《重塑网络"舒适圈"：多重帐号实践中的用户自我呈现——基于微博

---

① 黄旦：《报纸革命：1903年的〈苏报〉——媒介化政治的视角》，《新闻与传播研究》2016年第6期。

小号现象之考察》①。一句话或一个短语的短标题也有一些，如笔者的《传播思想史的"两条河流"》②；更朴素的标题常在历史研究中出现，如王明亮的《美国共产党中国局考论》③、操瑞青的《嘉庆至同治年间广东辕门报诸史实考论》④，这些当然都是可以的。但总体来说，正副标题的形式更为常见，因为两者可以互相配合，产生很好的"化学反应"。具体而言，正标题一般展现研究发现、理论意义或研究视角等，是学术价值之所在；副标题主要用来清晰地介绍研究对象或研究问题，让读者知悉文章写了什么。

关于正标题如何体现研究发现、理论意义或创新价值，这里试举几个例子。笔者的《五四运动在乡村：传播、动员与民族主义》⑤一文，正标题虽然比较写实，但一下子就能够点出文章的创新之处，因为只要对"五四运动史"研究稍稍了解，就会发现既有研究的落脚点主要是城市，"五四运动在乡村"因而展现了研究视角上的新意。再如笔者的另一篇理论性文章——《"可见的"共同体：报纸与民族国家的另一种叙述》⑥，正标题"'可见的'共同体"，可能会让人联想到安德森（Benedict Anderson）著名的《想象的共同体——民族主义的起源与散布》⑦这本书，这其实正是笔者的用意。在这篇文章中，笔者试图和安德森对话，将"想象"转变为"可见"，以重新界定报纸与民族国家的关系。无论正文的阐释如何，

---

① 王昀、刘思佳：《重塑网络"舒适圈"：多重帐号实践中的用户自我呈现——基于微博小号现象之考察》，《传播与社会学刊》2022年（总）第62期。题目中的"帐号"，一般写作"账号"。为方便阅读，后文引文中的"帐号"，均按现代汉语规范改为"账号"。

② 卜冬磊：《传播思想史的"两条河流"》，《国际新闻界》2016年第8期。

③ 王明亮：《美国共产党中国局考论》，《近代史研究》2024年第1期。

④ 操瑞青：《嘉庆至同治年间广东辕门报诸史实考论》，《新闻与传播研究》2023年第6期。

⑤ 卜冬磊：《五四运动在乡村：传播、动员与民族主义》，《二十一世纪》2019年4月号。

⑥ 卜冬磊：《"可见的"共同体：报纸与民族国家的另一种叙述》，《国际新闻界》2017年第12期。

⑦ 安德森：《想象的共同体——民族主义的起源与散布》，吴叡人译，上海人民出版社，2005。

标题若能让人联想到这一点，也就实现了最初之目的。

正标题有时还有修辞的价值。有一些文章让人过目不忘，往往和标题有关。有的标题构思巧妙，有的恰到好处地运用了一句诗或俗语，有的形式工整而富有学术意义。譬如，王奇生的《新文化是如何"运动"起来的——以〈新青年〉为视点》[①]，这个表达方式将一直作为名词使用的"新文化运动"转变为动词，创新视角一下子显现出来，其巧思令人赞叹。黄旦的《报刊的历史与历史的报刊》[②]，题目用了回环的形式，展现了报刊史研究中的两种思维，一破一立，充满洞见，吸引读者一探究竟。普非拉、林升栋的《"桃花源"与"伊甸园"：李子柒视频的跨文化解读》[③]，正标题不仅具有文学性，也展现了研究的重要发现，即中西方观众基于自身文化传统对李子柒视频的不同解读框架。笔者的《路上无风景：城市"移动空间"中的交流》[④]，正标题同样尝试着兼顾修辞和学术价值，"无风景"意味着移动状态中无法发展出有意义的交往。

所以，我们可以想一想，在看过的书或者读过的文章当中，有没有特别让你印象深刻的标题呢？

与正标题不同，副标题一般比较写实，主要阐释研究对象和研究问题，有时还会将研究方法特别予以呈现。譬如，王艳的《移动连接与"可携带社群"："老漂族"的微信使用及其社会关系再嵌入》[⑤]，副标题提示研究对象是"老漂族"，研究问题是微信使用和

---

① 王奇生：《新文化是如何"运动"起来的——以〈新青年〉为视点》，《近代史研究》2007年第1期。
② 黄旦：《报刊的历史与历史的报刊》，《新闻大学》2007年第1期。
③ 普非拉、林升栋：《"桃花源"与"伊甸园"：李子柒视频的跨文化解读》，《传播与社会学刊》2022年（总）第60期。
④ 卞冬磊：《路上无风景：城市"移动空间"中的交流》，《传播与社会学刊》2019年（总）第47期。
⑤ 王艳：《移动连接与"可携带社群"："老漂族"的微信使用及其社会关系再嵌入》，《传播与社会学刊》2019年（总）第47期。

社会关系再嵌入，这种含有"与""和""及"的并列结构是副标题常常采用的，能比较全面地将研究要素纳入。再如，笔者的《伟大的情感：近代报刊的"祖国"话语与意义争夺（1902—1927）》[①]一文，副标题展示出研究对象是"祖国"，研究问题是话语和意义的争夺，研究时限是 1902 年到 1927 年，也是比较清晰的。

我们在拟标题时，尽量不用"以某某为例证""以某某为视角"这类表述方式，因为这些方式一方面很冗余，另一方面还会限制经验材料的阐释性。如何解决这个难题呢？对于"例证"，可以将重要的研究对象直接写入标题之中，如"以《人民日报》为例"可以改写为"《人民日报》的"；如果研究对象不太显著则可以将其隐藏，在摘要和开头交代研究个案时出现即可；对于理论视角，则要注意将其转化为对话的对象，而不能作为既定的框架，譬如，可以将"可供性视角下的某某"转换为"某某的可供性"，研究重心就从固定的理论框架变成了对理论的再阐释。

综上所述，论文的标题承载着很多信息，是文章的精华所在，也是展现学术能力的第一个窗口。我们可能需要经过长时间的训练，才能够比较自如地起出具有学术感的标题 —— 准确，凝练，富含学术价值，甚至令人过目不忘。而要达到这些目标，首先需要理解论文标题的形式意义，然后日积月累，在模仿和创造中不断进步，相信在某个特定时刻，你一定会豁然开朗。

[①] 卞冬磊：《伟大的情感：近代报刊的"祖国"话语与意义争夺（1902—1927）》，《新闻与传播研究》2020 年第 2 期。

二、缘起与问题：论证合法性

从"缘起与问题"这一表述看，论文的开头首先要交代的是激发写作的现象或由头，即"缘起"；然后对之提出问题，即"问题"。但是，开头的任务不止于此，其核心目标是要告诉读者为什么要写这篇文章。所以，这部分的最大任务就是建立研究的合法性，也就是要让读者明白，文章的学术价值为何？

一般而言，这个问题必须放到知识脉络中才能得到很好的答案。这就要求开头部分高屋建瓴地去追溯过去的研究：既有研究是怎么样的？已经取得了哪些成果？还存在什么问题？我将要写的这篇文章和它们有何差异？独特的贡献在哪里？在开头，这一系列问题虽然只需要点到为止，但是它们关系到写作的必要理由，即所谓的研究合法性。这种自我追问的思维听起来不陌生，但做起来却有点儿难度。下面几个例子可以帮助我们理解。

第一篇是笔者的《五四运动在乡村：传播、动员与民族主义》。这篇文章的知识脉络是"五四运动史"，但既有研究大多认为五四运动是一个发生于城市的现象，忽略了其向乡村渗透的历史。这篇文章通过较为翔实的史料分析，将研究视角从城市转到乡村，不仅打开了新的论述空间，也符合历史学"眼光向下"的趋势，因此这个有意义的新视角，最直观地表明了研究合法性。

第二篇是周葆华的《内外之间的关联政治：中国电视国际新闻研究——以CCTV〈新闻联播〉为例》[①]。这篇文章的知识脉络属于"国际新闻"，但作者观察到，以往研究经常将国内新闻和国际新闻分开论述，或者只研究国际新闻这一个类别，因而缺乏将国

---

① 周葆华：《内外之间的关联政治：中国电视国际新闻研究——以CCTV〈新闻联播〉为例》，《传播与社会学刊》2010年（总）第13期。

际和国内"关联"起来的视角。这是既有研究的问题，也是本篇文章的起点——借助"关联政治"这个新概念，将《新闻联播》中的国际新闻和国内新闻加以对照分析，由此形成了独特的创新价值。

第三篇是张咏和李金铨的《半殖民主义与新闻势力范围：二十世纪早期在华的英美报业之争》[①]。这篇文章的知识脉络是"殖民主义与传播"，但是两位作者指出，以往研究主要讨论殖民者和被殖民者的关系，忽略了殖民者之间的竞争。这是一个很有洞见的认识，仅一两句话，就点出了文章的研究价值。文章由此切入，讨论了 20 世纪初期到 30 年代在华英美报业力量的此消彼长。

第四个例子要复杂一些。在 2011 年左右，笔者以"报刊阅读史"作为博士学位论文选题，遇到的最大问题之一就是如何阐释研究合法性。首先仍然是回到"阅读史"这个知识脉络，笔者发现其在 20 世纪 80 年代即被提出，引入中国新闻史领域的时间是 2005 年前后，标志性的文章是潘光哲的《〈时务报〉和它的读者》[②]。那么问题来了，既然历史学界已展开关于阅读史的讨论，并且其对象中包含着报刊，这时提出"报刊阅读史"的合法性何在？经过一番阅读与思考，笔者在理论和历史两个维度上论证了合法性。首先是在理论层面，既有研究往往将"书"和"报"等同，忽略了两者作为媒介的差异，这一点麦克卢汉、帕克（Robert Parker）、塔尔德（Gabriel Tarde）等传播学者给予了笔者很多启发。很显然，报纸作为近代出现的"新媒体"，和书有很多差异，比如报纸是定期出版的，主要关注"现在"，内容更具公共性，可以容纳多方观点，知

---

① 张咏、李金铨：《半殖民主义与新闻势力范围：二十世纪早期在华的英美报业之争》，《传播与社会学刊》2011 年（总）第 17 期。

② 潘光哲：《〈时务报〉和它的读者》，《历史研究》2005 年第 5 期。

识形态更偏向现实世界。其次是在历史层面，近代中国的报刊也有一个和书竞争，进而在阅读世界逐渐正当化的过程，譬如戊戌维新运动期间的"博古"与"通今"之争。所以，无论是理论还是历史层面，都暗示了读书和读报可能是不太一样的，这就给单独讨论报刊的阅读史留下了空间。[①]

从上述四个例子可以看出，在论文的缘起与问题部分，常常要依靠一个小型的知识回顾去阐释研究合法性。我们需要在较短的篇幅中展现出既有研究的共识，然后在此之上寻找到一个合理的切口，作为新研究的起点。至此，文章为何而写，这个问题的答案就自然呈现出来了。

三、文献综述：为创新铺路

现代学术的生产机制让每一篇论文都面对着巨量的文献。所以，文献综述在论文中所占的比重很大，需耗费的心力极多，也是极容易暴露作者学术能力的部分。搜寻、阅读和阐释文献，是研究者的重要素养。在写作之前，我们首先要理解文献综述的功能——展示知识地图、提供研究线索和形成研究起点。

作为知识地图的文献综述，是为我们所属的学术共同体而写的。一篇论文被刊登出来后，读者很可能对这个领域并不熟悉。这时，文献综述就起到了很好的知识地图作用，可以让读者获知大致情形。这种功用最常见，很多作者能够细致地将文章涉及领域的研究进展予以清晰呈现，这是一件有价值的事。譬如前面提到的《移动连接与"可携带社群"："老漂族"的微信使用及其社会关系再嵌

---

① 又见卞冬磊：《从报刊史到报刊阅读史：中国新闻史的另一种视角》，《国际新闻界》2015年第 1 期。

入》一文就涉及两个领域：一是社会科学的流动转向，二是老人传播。文章的文献综述就由这两个板块构成，作者细致展现了"流动"和"老人"议题在人文社会科学尤其是传播学中的发展，足以让读者了解其主要脉络。

能够为他人提供研究线索的文献综述，有时像是一个宝藏。在学术界，有一些对文献比较敏感的学者，往往能够将最新的、重要的文献"一网打尽"。虽然有时候使文章显得不够简洁，但为别人提供了按图索骥的可能性，也可以说做了一件好事。如果我们不太善于文献搜索工作，譬如说不易掌握英文期刊的最新动态或者书籍里的重要论述，那么在阅读别人的文章时，就要善于观察其文献综述中的引用，看看能否找到对自己有用的线索。这其实就是文献寻找中的"滚雪球"办法。

上面两种功用都是从学术共同体的角度去阐释的。好的文献综述能够惠及他人，但是这并不是最重要的。文献综述最重要的意义还是为自己铺路，这一点仍然和研究的合法性论证有关。过去的研究，无论呈现得多好，写得多么翔实，最终还是要"打倒"的对象。所以，不仅要提供地图、线索，更重要的是把它们"踩在脚下"，走出自己的创新之路。这样说似乎有些"野蛮"，在实际行文中的表达可能要委婉一些，但道理是没错的。在写论文时，我们必须有这样的决心和信心，才能为研究寻找到一个强力的起点；在展示某领域知识地图的同时，也要擅长运用转折词语，譬如，"然而""但是"等，不断逼近自己的研究问题，最终在肯定、否定的辩证中提出新见解，这对于一篇文章的成功是至关重要的。因此，文献综述不仅是为别人，也是为自己；不仅是对别人观点的综述，也要有自己批判性的思考。

四、材料与方法：说明个体的位置

在文献综述部分写完后，紧跟着的是交代材料搜集情况和研究方法，有时候这部分也嵌入前面的段落中而不一定单列。这部分的书写，往往是一次很好的叙事，目的是呈现作者在材料获取过程中的位置以及实施方法的思维路径。这种情况在互联网和社交媒体兴起后更为显著，因为很多材料都是从线上取得的，那么在什么情境下、以何种身份、搜寻到何种材料、打算如何去分析等，就是要阐明的关键信息。

这里以刘畅之的《与父权"游戏"》[①]为例。作者根据自己的兴趣，将女性听金属乐的经验学术化，通过在音乐会现场的观察，将这一实践与性别认同联系起来，写成一篇学术文章。在材料与方法部分，作者主要讲述了自己作为研究者如何去现场、如何观察、如何在线上寻找访谈对象、问了哪些问题等要素。这些经历被编织进论文当中，成为文献综述之后的"轻松故事"。如今，以参与式观察和深度访谈为研究方法的文章更多了，有的研究者深入到外卖骑手群体之中观察平台的逻辑，有的为研究网红主播而自己走进直播室，这些材料的取得往往带有浓厚的个人色彩，因此要特别描绘出个体在材料获取过程中的位置。总之，材料与方法部分并不是写作的难点，但求在叙事中让读者看到研究者在研究过程中的足迹和思路。

材料与方法部分写完之后，可以再次进行自我陈述，提出论文要解决的系列问题。相比开头，此处已有具体的研究情境了，这里的提问应比开头更为明晰；并且，系列性问题还有暗示后续主体结构的功能，要尽量做到一个问题对应主体部分的一个小节。这个形

[①] 刘畅之:《与父权"游戏"》,《传播与社会学刊》2020年（总）第51期。

式化的规定看似机械，但会让文章主体结构清晰化。

五、经验的组织：以逻辑串联材料

学术论文，尤其是偏向质化研究的主体部分，常常由史料叙述或经验材料编织而成。这个部分篇幅最长，但并不难写。因为通过缘起与问题、文献综述以及自我陈述的反复提醒，文章的思维已经基本畅通。所以，该部分要特别注意的是逻辑的前后一致性。

什么叫逻辑一致呢？就是文章的经验分析要围绕着同一个问题分层次地进行组织，而不能随意延展发挥。这里举一个简单的例子。作为传播学四大奠基人之一的拉斯韦尔（Harold Lasswell），曾提出著名的 5W 理论，5W 是指：谁、通过什么渠道、对谁、说了什么、产生何种效果。这个线性模式现在看起来很简略，但其对传播研究的影响不可小觑，因为它以一种富有逻辑的方式将原本抽象的传播行为清晰地表达出来了，由此，传播过程的各个要素被固定下来，从而可以被描述，围绕这些要素又分别形成了不同的研究领域。仔细分析，5W 模式就是围绕传播行为的各环节一一展开的。在关于经验材料的写作中，我们需要的就是这种逻辑的一致性，没有它，散乱的材料难以组织起来。

因此，经验材料的编织不是简单的所见即所得，而是蕴含着特定的逻辑，概括起来主要有以下四种方式。

第一种是按照时间和空间来组织。时空似乎是最一目了然的逻辑，这里仅以时间举例。譬如，如果研究《人民日报》关于某个事件的历时性报道，只要找到几个合适的时间节点，就天然地构成一个有逻辑的时间叙述。不过需要注意的是，有些文章划分的时间节点全部遵循政治时间的节奏，这是很不科学的。因为社会、经济、文化等现象并不一定和政治进程完全等同。所以，这里所说的时间是指事物的内在时间。以笔者的《伟大的情感：近代报刊的"祖国"话语与意义争夺（1902—1927）》为例，这篇文章通过对"中国近现代思想史全文检索数据库（1830—1930）"的搜索，确立了"祖国"概念的意义形成和被争夺的内在时间。文章首先引介"祖国"的古典和文化意义——祖先生活过的地方，这是很早就有的，在明代尤其突出，但并不需要交代具体的时间。第一个时间节点是"祖国"作为国家认同概念的确立时间，这个时间点特别关键，因为这是其现代意义形成的时刻，通过材料发现，这一意涵是1902年起通过《新民丛报》的论述而确立的。第二个时间节点来得很快，缘于对"祖国"意义的第一次争夺，这发生在1903年的立宪派和革命派之间。相较而言，作为政治时间的1911年，并不是一个很重要的转折点，因为此时并没有什么新力量去改写"祖国"的意义。直到新思潮和新力量出现，下一个时间点已是在第一次世界大战爆发之后的1916年了，当时世界主义和国家主义围绕"祖国"进行了论战；到了20世纪20年代则又有马克思主义和资本主义对这个词意义的争夺。由此可见，文章是以"祖国"概念的内在时间节点构建描述框架的，而不是以传统的1895年或1911年之类的政治时间。

第二种是按照事件发展的进程来组织。有时候，我们会觉得文章的研究对象很抽象，其逻辑难以把握，这时可以尝试将研究对象事件化和过程化，或许能够发现一个较为可靠的逻辑框架。譬如前面所举的"传播"一例，将其事件化之后，就有了5W理论这个框架；再如，达恩顿（Robert Darnton）在20世纪80年代提出阅读史这个新议题，他在思考如何分析阅读行为时，同样将其作为事件，提出了另一个类似的框架——谁在读？读什么？怎么读？

为什么读？有什么样的效果？[①]还可以举一些论文作为例证。譬如《与父权"游戏"》这篇文章，讨论了女性对金属乐的聆听及其对性别认同的影响。那么，经验材料是怎么组织起来的呢？作者将研究的问题设想成一个听音乐的事件，将其分成了三部分——进入现场、聆听过程和自我认同。由此，一个不太好把握的研究对象就变成了清晰的前、中、后三个过程，不仅有利于写作，也有利于阅读。从这些例子可以看出，事件化与过程化的方法是非常有效的。

第三种是按照理论的框架来组织。也就是说，如果文章采用的理论或概念自身包含着一个宽松的框架，这个框架也许可以将材料很好地组织起来。譬如，梁君健、陈凯宁的《自我的技术：理想用户的技术剧本与手机厂商的技术意识形态》[②]这篇文章，采用技术的社会建构理论，研究手机厂商如何向受众传递关于摄影的规则。两位作者遵循理论的三个维度——技术知识、技术剧本和技术意识形态，将材料组织起来，形成了一个逐步递进的逻辑。这是一个很好的例子。不过，按照理论框架来组织材料，有时也会削足适履，带来负面效应，这一点留待后面再讲。

第四种是按照人为建构的逻辑来组织。很多时候，经验材料中既没有时空线索，也形成不了事件，更缺乏可以参照的理论，这时就需要作者根据材料呈现的几个方向，创造出一个合理的逻辑来。以夏倩芳、袁光锋的《"国家"的分化、控制网络与冲突性议题传

---

① Robert Darnton, "Toward a History of Reading," *Wilson Quarterly*, 13, no. 4（1989）: 86–102.
② 梁君健、陈凯宁:《自我的技术：理想用户的技术剧本与手机厂商的技术意识形态》,《新闻与传播研究》2021 年第 3 期。

播的机会结构》[①]为例，文章中有一段篇幅很大的经验分析，描述的是冲突性议题的"机会机构"。两位作者基于各种经验性的观察和实地调研，共发现三种机会结构：第一，"搭不上关系"，即报道对象位于科层制的下端，难以调动足够的政治资源，这是最常见的机会结构；第二，突破属地化管理；第三，政府有治理需求，媒体配合政府的治理需要。这三个方向很有新意，富含洞见。仔细观察可以发现，它们是围绕着媒体与政府关系所展开的不同层次的叙述。

进一步思考，我们可以说上述四种方式其实是殊途同归的，它们共同呈现的是研究对象的内在逻辑。论述的主体对象保持不变，但讨论一直在向纵深之处发展。非常巧合的是，学术论文的经验分析部分大多是"三段论"，这是什么原因呢？笔者认为，一方面"3"这个数字本身具有丰富性，譬如，在中文俗语中就有"三个臭皮匠，赛过诸葛亮""三人行必有我师"之类的表述，指向丰富的知识空间；另一方面"3"也比较符合人们认知事物的规律，譬如起因、经过和结果，或者是什么、为什么和怎么办等，如此可以形成一个逻辑上的认知闭环。当然这不是绝对的，还是要根据问题和材料本身来确定如何分段。

六、理论提升：与知识脉络对话

理论提升是学术写作中的"怕与爱"，意思是人人都追求文章的理论价值，但很多人也畏惧它。我们首先要破除一个迷思，即每一篇文章都要理论创新。事实上，理论创新是非常困难的，即便是

---

① 夏倩芳、袁光锋：《"国家"的分化、控制网络与冲突性议题传播的机会结构》，《开放时代》2014年第1期。

资深研究者所写的文章也往往难以达到这个目标，所以，我们要抛除不切实际的幻想。事实上，大部分研究都是在描述的层面上展开的。如果能够将一个问题描述清楚，并适当地与知识脉络对话，就非常不错了。所以，学术写作不必有理论创新的包袱，更无须对此产生焦虑。认清这个事实很重要，有助于我们写出具有理论感觉的文章。

当然，不过度追求理论创新不代表论文中不涉及理论。我们可以把理论分成两种类型，一种是框架型理论，一种是对话型理论。其实，作为初学者，对理论的焦虑多来自对框架型理论的需求，我们希望有一个现成的框架，然后可以完美地将材料填充进去。以传播研究中最近流行的"可供性"（affordance）为例，潘忠党曾在一篇访谈中提出可供性的三个维度——生产可供性、社交可供性和移动可供性[①]，一不小心成为宝典，许多论文利用这一"完美"的框架，装进大量的经验材料。这样用是很机械的，导致出现了很多千篇一律的文章。因此，框架型理论一般不能构成文章的主体，最多可以在局部使用。

对理论提升真正有意义的是对话型理论，或者说与理论对话。更容易理解的表述是，我们要与研究议题所在的知识脉络展开对话。理论并不一定是固定的知识，而也可能是一系列发展着的表述。你的议题属于哪个知识脉络？如今已发展到何种程度？发现了什么？存在着哪些问题？你的研究在何种维度上打开了新的视野？这些问题曾在论证合法性时作了初步回答，但在这里，文章已有具体的研究发现，可以更翔实地展开论述，这些对话往往构成了对理论的发展。譬如《"中国"的一年：新闻、阅读与民族－国家在日

---

① 潘忠党、刘于思：《以何为"新"？"新媒体"话语中的权力陷阱与研究者的理论自省——潘忠党教授访谈录》，《新闻与传播评论》2017年春夏卷。

常的兴起（1894—1895）》①这篇文章，其知识脉络是"日常的民族主义"（banal nationalism）。在主体部分完成后，笔者不断让研究发现与知识脉络对话，从而论证了读报、交谈和情动所生成的国家意义，丰富了日常的民族主义的实践维度。事实上，对很多文章而言，能够做到对知识脉络产生某种推进，哪怕是很微小的一点儿即已足够。

七、结论与讨论：再出发

本可用于展现学术能力和想象力的结尾，有时候却会成为整篇论文最大的弱点。譬如，很多硕士学位论文，整体字数在 3 万字以上，但结尾处却只有半页纸。这可能说明作者已筋疲力尽，再也写不下去，只能潦草收场；更大可能是因为这篇论文质量堪忧，根本没有延伸的空间，作者已无话可说。事实上，大部分人并不知道结尾的要素有哪些，不理解一篇论文写到最后时，还有哪些事情要去完成。

和开头的"缘起与问题"相对应，结尾的"术语"是"结论与讨论"。这意味着结尾至少还有两到三个任务要完成。

第一是总结全文，即写"结论"。一篇论文写到最后阶段，需要有一个完整的自我陈述。这部分对概括能力有很高的要求，实际上是要将整篇文章压缩为一段，凝练地呈现出来。这段总结和论文的摘要非常相似，其要素一般包括研究对象、研究方法、研究视角、研究发现和研究意义。其中，最重要的是研究发现，需要将其有层次地描述出来；最难写的是研究意义，很可能需要只用一句话

---

① 卞冬磊：《"中国"的一年：新闻、阅读与民族-国家在日常的兴起（1894—1895）》，《传播与社会学刊》2020 年（总）第 52 期。

就将研究对知识脉络的贡献表述出来。

第二是延展文章，即"讨论"。如果文章没有单独的理论对话段落，这里就要积极地展开与知识脉络的对话，以提升文章的理论价值。以普非拉、林升栋的《"桃花源"与"伊甸园"：李子柒视频的跨文化解读》为例。结尾中，两位作者对文章意义进行了多维度的讨论：首先，将研究对象扩展，把李子柒视频看作全球范围众多流行影像中的一个，从而将特殊个案上升到普遍现象；接下来，阐释了"受众解读比较研究"的意义，认为这种方法打破了对外传播中固有的"文本视角"；最后，引入哲学研究中的"暧昧"概念，指出李子柒视频拥有文化上的多义性，深入挖掘类似的"暧昧性资源"可以拓展文化间沟通的更多可能性。

如果文章前面已进行过理论对话，那么这里的任务就主要是对研究的延展。因为一篇文章能讨论的问题总是有限的，所以结尾提供了一个拓展的空间。拓展有两个维度：一是在纵向维度上，由于文章只能就某个时段而作，但该研究对象的影响可能已超过这段时间，此处即可讨论其对过去与未来的影响；二是在横向维度上，文章讨论的也许只是一个局部的个案，但其具有比照或典型的意义，由此可以扩展其对全局的价值。譬如，研究对象若是20世纪初的华北乡村，那么，若打开视野，文章研究的问题在其他时间或南方乡村的表现如何呢？该个案具有何种特殊的和普遍的意义呢？这种时空延展的思维可以极大地丰富研究的学术价值，并展现出学术的想象力。

第三是陈述研究限制和确定新研究的起点。比较规范的学术论文，在结尾时往往会留出空间书写研究限制。单个的研究总是不完美的，很多时候只有研究者自己最了解文章的问题所在，此处可以将问题真诚地表达出来，供读者评判。但是，最好不要用研究限制作为整篇文章的结尾，因为这会使文章变得无力。相反，我们可以换一种思路，将研究限制作为再出发的起点，阐释一下未来的研究将如何解决它们。在写法上，可以向读者抛出问题，实际上这些问题也是抛给自己的，这样的结尾会更有韵味，留下一点儿余地，更能激发人的思考。

第二讲
写作的准备：想选题与找材料

　　学术写作是建立在调查研究的基础之上、为解决特定问题而展开的活动。在写作之前，至少需要准备好选题和材料。选题是研究者根据个人兴趣或任务而想去探究的题目，因个人的关注点不同而差异极大。选题虽然偏向于论文的内容而不是形式，但仍是学习学术写作绕不过去的环节。首先，要先有题目才能写；其次，选题的好坏常常决定写作的价值；最后，好的选题能让作者更有热情，令写作过程愉快，相反，差的选题只会让写作变得乏味，缺乏意义，甚至无法进行下去。所以，一个新鲜的、具有广阔论述空间的、重要的选题，常常能够让学术写作这件事变得轻松而又有意义。

　　在确定好题目后，要在题目划定的范围内广泛搜集材料。道理很简单，就好比厨师要做一桌有风味的菜，就需要到集市上采购足量、新鲜、适合的原材料，才能够成就一顿佳肴。写论文也是如此。

一、选题的来源

对资深研究者而言，找到选题似乎并不困难。因为这些作者大多有一个深耕的研究领域，一篇文章写完后，往往会催生出另一个选题，这是一种很好的状态。然而，对大部分刚学习学术写作的人而言，想选题往往是一件痛苦的事。那么，有学术价值的选题从哪里来呢？这个问题通常和阅读、日常生活以及两者的"碰撞"有关，当然有时候也靠别人指定，运气好的话，你也能进入不错的领域之中。

阅读是论文选题的重要来源，也是最具有启发性的力量。有很多学术选题是在阅读活动中产生的，特别是偏向理论化或历史类型的研究。此类议题的学术起点通常不是日常体验，因此阅读提供了重要的思想资源。2016 年，笔者曾发表《传播思想史的"两条河流"》一文，探讨的是西方传播思想中两种对立的传播观。该论文的想法和材料均完全来源于阅读。大约在 2011 年，笔者在复旦大学攻读博士学位，黄旦、陆晔、孙玮老师合开了一门"西方传播学术史"课程。该课阅读材料众多，涉及诸多学者的传播观念，譬如彼得斯（John Peters）、齐美尔、布伯（Martin Buber）、卢曼（Niklas Luhmann）、哈贝马斯（Jürgen Habermas）和杜威（John Dewey）等。2013 年，博士毕业从教后，笔者又开设"传播学概论"等课程，每节课布置一点儿阅读材料，供学生选读。就在这几年的反复阅读中，笔者终于发现这些学者的传播观念可以分成两类——不可交流性和追求共同性，于是彼此对照，按类别阐述，写成一篇论文。这篇文章即是阅读的产物。一般来说，此类选题与日常生活的关联度不大，解决的主要是历史、理论或观念层面的问题。

相较而言，以经验研究见长的社会科学论文选题多来自日常生活，很多选题甚至直接来源于作者的体验，这种现象在青年研究者身上表现得更为显著。以新闻传播学为例，当下正在涌现的选题常常源自互联网上的多元文化实践，而这正是这一代学者正在经历的。所以，将日常现象或个体经验学术化，是论文选题的另一个有效来源。譬如，刘畅之的《与父权"游戏"》，作者自己就是金属乐的爱好者；曹璞和方惠的《"专注的养成"：量化自我与时间的媒介化管理实践》[①]，两位作者自己就是时间管理 App 的重度使用者。再如笔者发表的《路上无风景：城市"移动空间"中的交流》一文，触发点同样来自笔者对跨城市通勤的长期体验。对移动生活的直接感知，是"路上无风景"这个题目能够生成的重要原因。

上面两段是将阅读和日常生活分开叙述了。事实上，论文的选题更多来自阅读和日常生活的"碰撞"。日常生活带来经验，阅读给予视角。有时候，两者的一致性会强化某些认知，推动我们去思考现象背后的结构；有时候，两者的矛盾性会形成强烈的反差，刺激我们去一探究竟。这里举一个最简单的例子，用以说明阅读和日常生活的碰撞是如何创造出选题的。

2003 年 1 月，笔者在《传媒观察》期刊发表了第一篇文章——《直面日报的"星期日冷清"》[②]。这篇文章虽然简单稚嫩，但是典型地体现了阅读和日常生活之间的化学反应。那时候，笔者读大学二年级，常在图书馆翻看杂志，有一天看到《新闻记者》连载的"近观美国报业"系列文章，其中一篇讲到美国的周末报刊市场竞争激

---

① 曹璞、方惠：《"专注的养成"：量化自我与时间的媒介化管理实践》，《国际新闻界》2022 年第 3 期。

② 卞冬磊：《直面日报的"星期日冷清"》，《传媒观察》2003 年第 1 期。

烈，不但报纸版面比平时多，读者也更喜欢阅读。[①]这个片段立刻引起了笔者的注意，因为这和笔者买报、读报的日常经验相矛盾。2002年前后，正值我国都市报兴盛之时，南京作为报业的中心城市之一，有几份报纸，如《金陵晚报》《现代快报》和《南京晨报》等，竞争异常激烈。除了平常打价格战之外，报纸的版面有时多达100多页，拿到手里是很厚的一叠。但非常有意思的是，这些报纸一到周末，版面通常只剩下16版，非常轻薄，以至于让人觉得很不划算。不过当时笔者并没有细想原因，直到后来读到上面的文章，有了美国报业这个参照系，疑问也就自然产生了——为什么中国周末报纸的市场如此萧条？背后的原因是什么？带着这个朴素的疑问，笔者连续购买了4个星期的周末报纸，用简单的调查和统计方法，写成了第一篇有点学术性的小文章。

之所以说这个故事，是想说明在阅读和日常生活的碰撞中，无论是在理论层面还是现象层面，都可能藏着一个学术问题的起点，不能轻易放过。当下较为普遍的问题是，我们往往拥有丰富的日常体验，但是可能阅读量太少，头脑中的思想资源和理论工具比较匮乏，也就形不成碰撞，所以日常生活就只能是日常生活，我们难以有效地将之学术化，从而导致了选题的匮乏。

二、好选题的标准

好的选题可以让学术写作事半功倍。什么是好选题呢？一个比较笼统的回答是：具有较高的学术价值。不过这有点儿抽象，我们可以从可操作性的角度设定几个标准。

---

① 辜晓进：《近观美国报业管理（五）：美国报纸星期天刊的运作》，《新闻记者》2002年第9期。

第一，好的选题应能够容纳大小适中的知识空间。知识空间包括理论层面和经验世界两个方面。具体来说，选题可以先向上稍作抽象，定位到一个既有的知识脉络中，这个知识脉络最好已经形成可观的论述基础，这样就能够依靠着它展开新的论述；此外，选题还能向下落实到具体经验——一个能够搜集到丰富材料、具有边界的经验世界，可以依赖它构筑文章。

当下，选题狭窄是普遍存在的问题。很多研究者基于自身体验获得了选题，但却没有仔细衡量这个题目是否有可匹配的知识脉络，也未细究过在哪里能够搜集到经验材料。笔者曾遇到一个印象深刻的论文题目。2020 年 6 月，微信推出"拍一拍"功能，即在聊天中只要双击头像就可以震动提醒对方，一时间非常流行。不出意外，关于"拍一拍"的论文很快出来了。但问题是，"拍一拍"这个动作似乎难以捕捉到足够的经验，也不太容易找到合适的知识脉络，"两头都不靠"，论文的质量自然不敢恭维。这个例子说明，新的现象固然值得关注，但仅有现象是不够的，特别在现代社会，面对不断涌现的新现象，如果缺乏新旧关联的思考，就很难发展出有意义的学术讨论。关键在于，当我们去关注新现象时，一定要想一想"新"背后的"旧"，譬如社交媒体上的种种新现象，在中观层次并不是革命性的，在线下世界的生活中可能早有苗头，并形成了相当规模的讨论，这些讨论会成为重要的资源。总之，这种由现在关联过去、由线上关联线下的思维，可以使一个狭窄的选题扩展成不错的中层选题，因为只要有一定规模的知识脉络，再辅以一定的经验材料，小选题的论述就可以"有枝可依"。

与之相对的另一种问题是选题过大。选题过大的表现主要是研究对象和研究问题过于宽泛，缺乏可以抓取的具体经验。以笔者为例，2006年在写作硕士学位论文时，选定的题目是《媒介时间的来临》[①]。文章试图在一篇硕士学位论文的体量下，写完人类时间观念的变迁，并从整体上阐述媒介技术对时间观念的影响。现在看来，这个选题的任务过多，所指涉的经验世界缺乏边界，因此除了寻章摘句以外，难以落实。所以，特别是对刚刚学习论文写作的人而言，有具体问题、依靠详细的个案或扎实的史料才能完成的题目，可能是更合适的。

总之，一个好的选题往往大小适中。选题过大，会失之宽泛；过于狭小，将缺乏意义。如果我们对一个大现象感兴趣，应该学会的是大事化小、大题小做，从具体现象或独特视角进入，就可以解决这个问题。同样，如果选题较小，则要反过来思考，要注意到小选题背后的历史脉络和社会结构，小题大做，以小见大，学会从个案上升到类型。这种在大小之间的伸缩性思考，是判断选题是否合适的重要思维，目的是要找到匹配的知识脉络和经验世界，以完成一篇具有一定篇幅的学术论文。

好选题的第二个标准关系到创新与持续。所谓创新，并不是要求开创一个新领域，而是选题本身或切入角度是否和现有研究有所不同。在初入学术界时，我们常常受到学界热点的影响，跟着期刊的发表现状亦步亦趋地想选题；此外，我们也经常根据自身的经验想选题，可是同时代的人往往也如此思考，这些经验可能不会有什么独特性，选题也就谈不上创新。所以，要想选题拥有足够的创造性，就需要摆脱跟风的心态，也不能仅仅基于自身经验思索。

此处仍以笔者自身的两段学术经历为例，讨论一下选题的创

[①] 卞冬磊：《媒介时间的来临》，硕士学位论文，南京师范大学新闻与传播学院，2007。

新和持续问题。前面曾提及"媒介时间的来临"作为硕士学位论文选题过于宏大，但这个选题也有一定的创新优点——对媒介技术与时间的讨论至今尚未过时，并且随着社交媒体的兴起，正成为研究的热点。2005年左右，在新闻传播学科中，还很少有人讨论技术与时间的问题。笔者可能是在阅读卡斯特（Manuel Castells）的《网络社会的崛起》[①]时，受到"无时间之时间"（timeless time）概念的启发，才想到去讨论这一问题。现在看来，这个题目涉及时间的历史和理论，也关乎技术带来的新经验，尤其在新闻传播学科中很少被关注，因此笔者有一种创新的感觉。当时，正是在这种朦胧的认知下，笔者翻阅了很多图书，完成了一篇很长的硕士学位论文，还幸运地将文章发表[②]，这和创新感所带来的驱动力是分不开的。

有意识的选题创新则要追溯到博士阶段了。2010年起，笔者对新闻史研究产生兴趣，在这个领域中寻找适合做博士学位论文的选题。可能是受到潘光哲的《〈时务报〉和它的读者》一文的影响，笔者开始思考以"中国近代报刊阅读史"为题完成博士学位论文是否可行。经过对史料的摸索、对既有研究的阅读、对相关理论的梳理，最终确定在新闻史研究中引入读者分析是可行的，同时也是有创新意义的。因为当时的研究思维还是以报刊文本或新闻观念为主，很少涉及读者和阅读。事实上，从文本到阅读是一个巨大的转折，关注的问题、采用的史料、研究的路径有很大的差异，笔者由此获得了创新的感觉，并在其驱动下，较为顺利地完成了

[①] 曼纽尔·卡斯特：《网络社会的崛起》，夏铸九、王志弘等译，社会科学文献出版社，2001。

[②] 卞冬磊、张稀颖：《媒介时间的来临——对传播媒介塑造的时间观念之起源、形成与特征的研究》，《新闻与传播研究》2006年第1期。

论文。[①]

　　与创新性"一体两面"的是持续性。如果某个选题仅有一时的新意，其价值如流星般很快消逝，大概也不能算是一个好题目。而有些题目的拓展性较弱，只能做出一篇小文章，那么对投入的精力来说就显得有些不划算。对有志于从事学术研究的人而言，选题的持续性是必须考虑的因素，尤其是学位论文。仍以笔者为例，无论是硕士学位论文还是博士学位论文，两个选题都成为自己持续关注的领域。就报刊阅读史而言，笔者后来将研究时间向前追溯到1840年、向后延伸到1919年，进一步探究了近代中国报刊在连接读者和国家时所扮演的角色。就媒介时间而言，随着社交媒体的深度嵌入，以及罗萨（Hartmut Rose）的《新异化的诞生：社会加速批判理论大纲》[②]和韩炳哲（Byung-Chul Han）的《时间的味道》[③]两本书对此话题的重新"点燃"，时间议题又获得了关注。2022年，笔者又发表《作为存在的媒介时间：手机与社交媒体的时间性》[④]一文，距离2006年在该议题上的第一篇文章，时间跨度达16年，充分展现了选题的持续性。

　　上面两个例证关乎个人的学术史，此处仅用来说明选题的创新性和持续性对于研究者的重要性。创新不仅是学术研究的要求，还可以产生内在力量，推动我们热情地投入颇有些枯燥的学术写作中而不觉得辛苦；持续则代表专注，意味着向精深发展，在一个有意义的选题中持续耕耘，可以将辛苦转变为收获，使我们逐渐形成具

---

① 卞冬磊：《古典心灵的现实转向：读报纸与现代性（1894—1911）》，博士学位论文，复旦大学新闻学院，2013。

② 哈特穆特·罗萨：《新异化的诞生：社会加速批判理论大纲》，郑作彧译，上海人民出版社，2018。

③ 韩炳哲：《时间的味道》，包向飞、徐基太译，重庆大学出版社，2018。

④ 卞冬磊：《作为存在的媒介时间：手机与社交媒体的时间性》，《新闻与传播研究》2022年第11期。

有标签意义的个人学术领域。

好选题的第三个标准是具备社会关怀。这一点怎么强调都不过分。当下，随着专业教育的学术化趋势，很多同学在本科阶段即已系统接受研究设计、研究方法的训练，对学术论文的形式也有很好的把握。如今也是学术论文数量大爆炸的时代，数量繁多的论文正在按照标准化的模式生产出来，展现了精致的方法和完美的形式。但是，很多研究脱离了社会现实，所讨论的问题既不重要，也缺乏对公平、正义和困难群体的关心。以新闻传播学为例，漂浮于生活表层的种种互联网文化现象，正在将很多传统且重要的议题淹没，譬如新闻与舆论、新闻转型、战争和媒体、社会分化等。一方面，这些传统议题可能需要大量的调查和积累才能有所产出，难度较大；另一方面，学术发表机制也鼓励研究者追求表面的热点。此外，当下教育体系中普遍缺乏社会和历史意识，这使我们很难对世界形成一种真切的责任感。这些因素造成了很多学术文章沦为文字游戏，这是一种不好的倾向。所以，在思考选题时，我们尽量要深入社会之中，到具体的人群中去，发现各种真实的困境，以此作为研究的起点，这会让我们的文章具有更真实的力量。

三、学会自我追问

找选题的过程中，我们遇到的一个普遍问题是：这个题目能不能做？很多人由于无法自主判断，又不愿意深入思索，往往在很草率的情况下就去求助他人，因而失去了思维的训练机会，不太容易取得进步。

对这个问题的回答，其实涉及一套自我追问的思维过程。在我们将这一思维内化后，自己就可以判断选题能否成立。一般而言，资深研究者由于对某个领域了解全面、有较强的学术敏感性以及内化了的追问思维，具有在短时间内判断选题学术价值的能力。但是对处在学习阶段的人来说，自我追问需要反复训练，它不是一个感性判断的过程，而是一系列有步骤的思考、阅读和确认。具体来说，自我追问的步骤包括确定现象、定位知识脉络、阅读文献、寻找既有研究的缺口、论证研究合法性、查看经验材料能否支撑等。

这里以王昀、刘思佳的《重塑网络"舒适圈"：多重帐号实践中的用户自我呈现——基于微博小号现象之考察》为例，说明自我追问的思维过程。这篇论文讨论的是社交媒体的多重账号与自我呈现问题。首先是"微博小号"这个日常现象引起研究者关注，此为第一步；然后研究者尝试将该现象定位到知识脉络，那么，小号这种现象属于哪里呢？这时就需要有一个初步的学术判断，研究者必须快速调动头脑中储存的知识，这时也许可以想到，作为账号的一种，小号可能和数字自我、自我呈现、社交边界等有关。当然这只是一个大概的想象。

有了上述设想，就会催生下一个思维过程，即阅读文献。此时研究者就可以去寻找与账号有关的文章。由于该现象切口较小，所以阅读文献应尽量广泛，才能让选题变得开阔。在初步的文献阅读中，也许可以看到账号与自我呈现、公私关系、公共参与等诸多方面的牵连，大致感觉到其多重维度。接下来，就到了这一思维过程最核心的步骤——寻找既有研究的缺口，这可能需要一些学术敏感性。如果此时能发现既有研究大多将账号等同于单一的自我，这就给小号研究带来了合法性，因为每个人的自我可能是多样的，既有的研究很少分析多重自我的现象，用文章中的话就是："诸多针对线上行为的调查仍惯常性地将用户识别为某种'独立'存在，也即，身处同一平台的个体对应的是某单一账号，而未能涉及多重账号的叠合与联结性。"由此，探究多重账号背后的多元自我和多元实践，就将其与以往研究区别开来。

大概完成了合法性论证后，要进行的是最后一步——查看经验材料的获取情况。由于小号行为在互联网空间是弥散性的，必须将经验的搜集变得可操作，因此可能要集中到某个平台；然后要寻找访谈对象，思考怎样去提出结构性的问题，才能使小号研究具有丰富的维度。当上述问题——解决后，可以再回过头重新评估一下文献和材料是否充足。如果这两者差不多可以匹配，那么这个选题就是行得通的，研究者也就完成了自我追问的全过程。

再以普非拉、林升栋的《"桃花源"与"伊甸园"：李子柒视频的跨文化解读》为例。这篇文章注意到的现象是李子柒视频在中西方观众中的流行。那么，这个现象能够作为学术选题吗？显然可以，关于这一主题的研究已经很多，所以思考的方向就变成在既有研究中找到突破。此处同样需要一个自我追问的思维过程。

首先仍然是要确定知识脉络。对李子柒现象的解读，自然属于国际传播、对外传播或者跨文化传播等领域，确认这点并不困难。困难的是发现既有研究的共性问题。

其次是对合法性的追问。两位作者发现，既有研究较为机械地遵循着"文化帝国主义"的旧思维，这和视频制作情况不符，因为"李子柒的视频内容并不是根据海外观众的文化背景和接受心理量身定做"；同时，既有研究大多基于视频内容本身进行分析而缺乏经验性的受众研究，因此无法回答海外受众如何观看和解码的问题。由于找到了这两个切入点，文章在合法性上就有了可论述的空间。

接下来是看看经验材料的获取情况。在文章写作时，李子柒视频在中外社交媒体上广泛传播，具有较强的可获得性；而要从受众角度进行研究，则需要借助网络的实时评论或"弹幕"等，而这恰恰是社交媒体的特点，这些材料很容易获取。

在知识脉络确定、合法性论证和经验材料获取等问题一一解决后，选题的思维过程就基本走通了。由此可以确认，按照经验研究路径，写出一篇15000字左右的文章是可能的。

上述两个例子呈现了自我追问的思维过程。再次总结一下，这个过程包括确定现象、定位知识脉络、阅读文献、寻找既有研究的缺口、论证研究合法性、思考经验材料是否匹配等。如果这些环节能够一个一个被打通，就可以基本确认选题是行得通的。掌握了这个思维过程，就不必总是去求助他人，自己就可以判断选题是否合适。其实，这个思维过程也是在为整篇文章的写作作铺垫。我们无非是在既有研究的缝隙下寻找新文章的生长空间，用获取的理论和材料，努力在这个空间创造出一个新东西来。

四、材料的积累

确定好选题后，接着要做的事情就是积累材料了。如本章开头所说，这有点儿类似于厨师的备菜，越是准备得充分，写作的过程就越顺畅。对一篇学术论文来说，材料主要包括核心文献、宽泛性文献、史料或经验材料三种类型。积累材料的方式因人而异，可以是用电子文档，可以是传统的抄写，也可以二者结合。相对而言，笔者仍然信赖"好记性不如烂笔头"这句话，因此更推荐抄写这种笨功夫。虽然前期有些耗时费力，但是抄写材料有三个优点：一是记录在纸上的材料可以随时翻看，阅读物质性的文字和电子文档终归还是有些不同；二是抄写并不是一个机械的复制活动，抄写过程中蕴含着思考，往往在抄到一定程度时，文章大致的框架就已浮现，所抄的每则材料用在何处甚至已有了初步的安排；三是抄写的印象更深刻，在写作过程中可以随时取用，反而节约时间。

对核心文献的占有需要做到细致、全面和扎实。一篇文章的核心文献可能由五到六本书或者十多篇文章构成。这些材料是文章可依靠的大树，可以在合法性论证、文献综述中作为主要线索，在理论对话中作为主要对象。因此，核心文献在文章中可能多次出现，对它的使用要有统筹性的安排。在核心文献之外，论文写作还会涉及很多宽泛性文献。它们可能会在文献综述中占据一些空间，作为对核心文献的补充；更可能零零散散地分布于经验分析的部分，因为这部分的写作常常出现文献不足的情况，导致文章的学术感骤降。总体来说，我们占有的宽泛性文献要远远超过所使用的，这些非核心的文献是文章的加分项，不仅能让文章的语言更具学术感，也能体现出研究者的阅读视野。

第三种材料是史料或经验材料。譬如，新闻史研究者常常需要抄写报刊史料，有时候是在图书馆抄昔日的旧报纸，有时候是通过电子数据库查找 PDF 文件进行抄写，甚至有时还要抄微缩胶卷或者档案，时间就在抄写活动中流逝了。但是，在心理层面，抄写似乎拥有抵抗时间流逝的力量。以笔者为例，印象最深刻的是写《伟大的情感：近代报刊的"祖国"话语与意义争夺（1902—1927）》这篇文章时，使用了较难寻找到的"中国近现代思想史全文检索数据库（1830—1930）"。当时笔者在香港中文大学访问，只有大学山顶的新亚书院钱穆图书馆四层有两台电脑可以使用，笔者在那里度过了异常充实的三天。随着抄写的展开，关于"祖国"这个概念意义的时间节点也就逐渐清晰了，因此抄写完成后，文章的大致框架就已形成。由此可见，有时候，慢即是快。与历史研究的路径不同，做社会科学研究时，往往需要积累访谈材料、田野笔记、新闻报道、文本数据等。当研究者使用的是大数据时，抄写可能就不那么奏效了，但是，还有很多需要"小数据"的情况，抄写仍然是适用的，也是有效率的。所以，抄写活动也是整理变动不居的互联网材料的一种有效方式。譬如，当代新闻传播领域的许多论文，所用材料主要是从社交媒体上搜索、整理而来的，有的是微信群里的即时发言，有的是视频中的"弹幕"，有的是新闻的热门评论，异常散乱，除了借助数据处理工具之外，还应对关键性的内容进行手动处理，或许经过一段时间的抄写、整理和排序，材料的秩序就会慢慢地呈现出来。

当然，究竟是用何种方式积累材料，还是要根据研究者的习惯而定。无论是老一辈学者的做卡片，还是笔者推崇的抄写，又或是青年人习惯的使用电子文档整理，都只是一种形式。它们其实有一个共同的指向：在积累材料时，同步进行的是对文章"排兵布阵"的思考；同时，能够在写作前、写作中和写作后反复翻看材料，常用常新，这是自我成长的重要方式。

第三讲
缘起与问题：追寻研究价值

　　良好的开头是成功的一半。作为论文的起始段落，开头部分尤其需要精心地设计。我们已经知晓这部分文字最重要的任务是阐释研究价值，也就是论证研究的合法性，然而其承担的任务远不止于此。

　　从被命名为"缘起与问题"即可知晓，开头首先要告诉读者的是：什么现象触发了这个研究？这个现象又存在着哪些问题？所以，要写好开头，首先要了解开头部分包含了哪些要素以及如何起承转合。除此以外，开头还承担着为论文设定基调的功能，也就是说，文章准备以什么风格进行写作？在何种层次的知识视野中展开叙事？文章是特别理论化的还是以描述性为主？又或是在叙事中兼具理论建构？这些问题决定了整篇文章的学术感。

一、开头的要素和思维

除了阐释研究价值以外，开头的任务至少还包括交代缘起、提出问题、设定知识脉络和自我陈述等，这些就是开头的要素。并且，由于开头还有吸引读者的任务，下笔时还要顾及怎样写才能激发阅读兴趣。

开头又称"缘起与问题"，其第一要素当然是"缘起"，也就是触发研究者写作的现象是什么，有时也称作研究背景，但是称"背景"没有那种触发问题的意味。无论何种称呼，现象总是论文第一段的主要内容。现象有可能是日常生活的场景，也可能是学术界的某种潮流，这就形成了两种开头形式——学术化开头和场景化开头。

在引出现象之后，就要对之提出问题。某个现象之所以值得关注，要么是因为其内在充满了疑问或不合理之处，要么是因为其过于合理而成为人们的普遍感知。前者往往提示着某些新变量的到来，后者则多是因为日常生活中有许多结构性力量被忽视。在这一前提下，需要针对现象的矛盾性或背后的结构性提出几个学术问题。

在系列性的问题被提出之后，就要转而将现象定位到知识脉络中去了。因为这几个问题是不容易回答的，实际上这是整篇文章的任务。所以，需要先把答案抛在一边，转而去论证这几个问题所具有的学术意义。由于研究意义通常不存在于常识或者感受之中，而是呈现于特定的知识领域中，所以，我们就要顺着所提的问题，有意识地走向议题所在的知识脉络。

有了知识脉络之后，就可以去完成最重要的任务了——阐述研究价值。上面说过，研究价值只能在既有的知识脉络中得到回答，而不能仅靠主观感受。这时往往先要去做一段小型的知识回顾，然后敏锐地找到既有研究存在的共性问题，随之在这个"缺口"之上，再正面陈述本研究的重要意义。在这一系列步骤完成后，研究的合法性就初步建立了起来。

完成上述论证的步骤后，在开头的最后，还应该有一段正面的陈述，告诉读者本篇文章打算怎么写，譬如使用什么方法、运用何种材料、解决什么问题、产生何种学术意义等。这段陈述不仅可以让读者对文章有一个前置性感知，也是作者第一次整体性地概括论文，有助于对全文思路的把握。

通过以上几个环节的串联，"缘起与问题"的五个要素就齐全了，即引出现象、提出问题、定位知识脉络、论证合法性和自我陈述。当然，论文的形式千变万化，譬如，开头的提问未必要用疑问句形式，也可以是陈述句，自我陈述也可以用疑问句形式；开头部分亦有长有短，五个要素并不一定全部都包括，允许适当的变通。

此外，还要强调的是，开头是一篇文章展现作者风格、设定文章基调的"第一眼"内容，对文字应精益求精，力求准确、学术。在实际写作中，很多同学习惯于使用学术感非常低的"大白话"开头，类似"随着5G技术的广泛运用""随着抖音在全国的普及"，等等，这类文字会显著降低论文的学术感，是一种对论文重要位置的浪费。所以，第一笔、第一句和第一段应深思熟虑，做到语言凝练，开头最好包含相当数量的重要文献，这样才能为整篇文章定下较好的学术基调。

二、学术化开头

我们首先从使用最广泛的学术化开头谈起，因为这种开头最规范，可以避免很多无效的语言，有利于形成良好的写作习惯。所谓学术化开头，就是用凝练的学术话语概括日常生活或者学术阅读中的现象，以此作为论文的起始段落。学术化开头的风格是开门见山，强调概括能力，研究现象和研究问题常在很短的文字中即可呈现出来。

首先以夏倩芳、袁光锋的《"国家"的分化、控制网络与冲突性议题传播的机会结构》为例。这篇文章研究的问题是传统媒体上的各种冲突性议题是如何被报道出来的。文章的第一段如下：

媒体上的各种"冲突性议题"已经成为当代中国新闻传播领域重要的现象。我们所讨论的"冲突性议题"所指的范围较广，包含群体间的冲突（如消费者与厂商、业主与开发商、劳资双方等）、官民冲突（如公安机关与民众、政府与百姓、法官与民众、律师与司法部门等）和民族冲突等类型。不同类型的冲突性议题在传播上受到的控制是不同的（夏倩芳、王艳，2012）。有的被控制的程度较弱，有的被控制得较强，尤其是涉及公权力的冲突性议题。"批评性报道""舆论监督"等都属于广义的冲突性议题范畴。在当前的传播生态中，冲突性议题获得了一些传播的机会。但零零散散的传播机会背后是否有某种结构性的力量？或者说，冲突性议题的传播是否有某种"机会结构"？这便是本文试图回答的问题。

这一段是典型的学术化开头，几乎没有冗余的文字。作者虽然只引用了一篇文献，但语言仍具有很强的学术感。就写作的要素而言，首先引出的是冲突性议题被广泛报道的现象，但同时指出其内在的矛盾，即冲突性议题的报道又是受到限制的，正是这两个因素构成了该议题的张力，孕育了问题。所以，紧跟着现象的就是非常自然的提问。这里的"现象—问题"属于在寻常现象背后寻找结构性力量，是一种比较常见的、非常学术化的提问思维。

第二个例子是王艳的《移动连接与"可携带社群"："老漂族"的微信使用及其社会关系再嵌入》。这篇文章研究的是流动社会中老年人的微信使用与社会关系问题。文章是以学术思潮的新变化起笔的：

新传播技术和新媒介的普及、发达带动了社会科学研究中引人瞩目的"流动转向"（the mobility turn），即打破过往将稳定和固着看作是社会常态和存在方式、不注重考察流动性（mobility）的静态视角，从人、资本、技术、观念、资讯、影像、交通工具、实物等现实的和潜在的移动来解释社会生活如何被组织且被结构化（Cresswel，2006）。近年来"新流动范式"（the new mobility paradigm）（Sheller & Urry，2006）的兴起又把关系取向的视角和方法论引入到流动研究中，使得传播在"流动性社会"（social as mobility）的角色更加凸显。

这一段话介绍的是一种发生在学术研究中的新现象——"流动转向"及其"关系视角"在社会科学研究中崭露头角。在这段不长的文字中，术语林立，两次引用外国学者的文献，使其具有很浓厚的学术意味。不仅如此，这一段还提前交代了学术现象所在的知识脉络，并凸显了传播角色的重要性。以学术领域的新发展为写作起点，也是一种常见的开头形式，特别适用于在某个学科或领域中采用新范式的研究议题。

第三个例子是笔者的《作为存在的媒介时间：手机与社交媒体的时间性》。这篇文章接续以往对媒介时间的讨论，论证了手机和社交媒体对人类时间感知的塑造。文章是由偏向理论化风格的文字所构成的，其开头一段如下：

"时 — 空转换与现代性的扩张相一致，直到本世纪才得以完成"（吉登斯，2000：15），因而是20世纪哲学和社会学讨论的核心议题，类似"时空压缩""时空延伸""速度政治""加速"等概念层出不穷。在这漫长而持续的讨论中，"技术问题和时间问题的结合显得非常突出"（斯蒂格勒，2000：21）。就如哈维（2003：329）所描述的："铁路网的扩张，伴随着电报的出现，蒸汽轮船的发展，修建苏伊士运河，无线电通信以及自行车和汽车旅行在那个世纪末的开始，全部都以各种根本方式挑战时间和空间的意义。"

这段文字首先用吉登斯（Anthony Giddens）的话引出时空转型这一总体性的社会现象，并用几个学术概念加以证明；随后，根据斯蒂格勒（Bernard Stiegler）的观点，将时间和技术勾连，以便迅速接近文章的主旨；最后又借用了哈维（David Harvey）的话，更具体地来说明种种技术确实影响到了时间。这段不长的文字其实采用的是一种学术化的叙事，其中包含了三位著名学者的话。可以看出，适当地引用文献，对减少开头的无效语言是非常有效的。如果我们的概括能力较弱，语言的学术感不太强，那么可以借助引用避免自身的弱点，但要注意选择合适的、重要的和直接的引文。

上述几个例子展现了学术化开头的语言风格 —— 朴实、凝练、具有学术感。学术化开头不仅让读者也让作者自身感受到一种超越日常语言的风格，因此可以较好地引领写作的语言和思维。若能以此风格贯穿全文，整篇文章的学术感都会处在较高的水准上。

三、场景化开头

场景化开头是用叙事的方式引出日常现象，引子可能是一个故事、一个生活片段，甚至是一段笑话等。这是和学术论文非常不同的一种文字风格，其优点是可以增加文章的可读性、易于提出可理解的问题，营造出引人入胜的叙事氛围，用以平衡学术文章普遍具有的枯燥乏味感。

从普通人都能理解或正在经历的日常现象写起，发现其存在的问题，是最常见的场景化开头。这种开头比较符合读者的认知，从现象中引出的问题也容易引起共鸣。相较于学术化开头，场景化开头的文字会偏长一些。首先以笔者的《路上无风景：城市"移动空间"中的交流》为例，这篇文章的开头摘自一篇新闻报道：

"6点10分，起床、洗漱、吃饭；6点50分，下楼乘坐计程车前往沧州西高铁站，不堵车的情况下打车费是14元；7点23分，在从沧州始发的G9004高铁出发前几分钟上车，58分钟后到达北京南站，高铁费用为94.5元；8点21分，到达北京南站后，跟着早高峰人流挤上地铁；9点15分，到达位于北京西南二环附近的上班

地点，花费4元；下午下班，她会倒着重复早晨的路线，在晚上8点40分左右回到沧州的家。"——《跨省上班记》

以上是一位城市女性工作日的通勤状况。2017年春，家住河北省沧州市、在北京市区工作的姜京子，因坚持"跨省上班"而成为新闻人物。新闻特稿《跨省上班记》（杨登峰，2017年2月19日）一经刊布，即引起诸多共鸣，背后是都市人感同身受的每日移动体验。

如所周知，上下班是最寻常的城市景象，即如德·塞托（Michel de Certeau）（2014：29–30）所说："住处与工作地点之间的联系最常发生在城市空间内，而这种联系因为其时空强制性而引人注意，即要求在最短的时间内跑最远的距离。"在德·塞托的眼中，这个具有强制性的活动并不美好：通勤的人们，每日"进入一个未区分的模糊的城市，像扑入泥沼一样，一头扑进各种惯有符号组成的大杂烩中，这一切都是仅仅出于准时的迫切需要"。

这种普遍的日常生活是如何可能的？

平心而论，这则主题为跨省通勤的新闻报道读起来并不十分有趣，但由于引用需要完整性，所以占据了开头很长的篇幅。新闻描写的是现代都市间长距离通勤的一个极端例子，虽然趣味不足，但也可以让很多人感同身受。所以，这个场景会拉近读者和文章的距离。一般而言，场景化开头可以稍稍消解学术文章的死板，但大段的非学术性引文也存在着一个风险，即文章的学术感很难建立起来，所以就需要作者在引文后面迅速地予以补救。在这个开头中，笔者使用了两个办法：首先是用相对凝练的语言复述场景，并指出文章的知识脉络所在——"背后是都市人感同身受的每日移动体验"；其次是在下一段引用了法国著名学者德·塞托的话。这段引文其实也比较平常，只不过文献的引入可以稍稍增强文章的学术感，不至于整个开头看不到一处文献。这两种方法的综合使用，可以迅速将日常叙事转入学术语言的轨道。

第二个例子是李红涛的《"点燃理想的日子"—— 新闻界怀旧中的"黄金时代"神话》①。这篇文章讨论的问题是当代新闻人离职时发表的关于"黄金时代"的话语。这一类由新闻故事引起、以话语分析为方法的议题，比较适合使用场景化的开头。文章开头是这样写的：

2002 年 6 月，陈菊红离开供职七年的《南方周末》，赴美做访问学者。在 2003 年底成文的追忆文章中，她历数"那些金子一样的日子"，说它们"闪亮得让人不敢相信"。这篇离职告白题为《离开》，其中讲到"到了 2001 年，曾经为这张报纸流过汗、流过泪的记者开始大批离开"，不过，文章并没有传递出"时代已逝"的感叹。

十多年后，这些"金子一样的日子"在江艺平退休（白红义，2014）等热点时刻被重命名为"黄金时代"，而包括陈菊红在内的新闻人，则被"标签"为南周/南方乃至新闻业的"黄金一代"。所谓"黄金时代"，当然不仅指向"南方"，在诸多叙事线索当中，至少还有"北方"的央视与之遥相呼应。举例来说，2008 年底制片人陈虻去世和 2014 年央视原台长杨伟光逝世（陈楚洁，2015），无不引发大量的纪念文字和"时代终结"的感叹。

这个开头由前后两个时代的新闻故事构成，很快就让读者进入

---

① 李红涛：《"点燃理想的日子"—— 新闻界怀旧中的"黄金时代"神话》，《国际新闻界》2016 年第 5 期。

到新闻职业、新闻话语的情境之中。由于每个故事都要尽力地介绍人物和地点等信息，还要呼应"黄金时代"的主题，所以难免占据较长的篇幅。不过，作者也仅用这两个对照的故事就将研究问题展现出来，在上述文字的后面，很快就提出了研究问题："中国新闻业出现过黄金时代吗？但更有趣的问题是，为什么在当下这个时刻涌现出大量有关黄金时代的论述？"可以看出，由新闻话语到黄金时代的议题转换与追问是非常自然的。

第三个例子是周葆华的《内外之间的关联政治：中国电视国际新闻研究——以 CCTV〈新闻联播〉为例》。这是另一种风格的场景化开头，不太常见：

"九八九八不得了，粮食大丰收，洪水被赶跑。尤其人民军队更是天下难找，百姓安居乐业，齐夸党的领导。国外比较乱套，成天勾心斗角，今儿个内阁下台，明儿个首相被炒，闹完金融危机，又要弹劾领导，纵观世界风云，风景这边独好。"

"纵观世界风云，风景这边独好"，这是中国最红的喜剧明星赵本山在 1999 年中央电视台《春节联欢晚会》上的一句经典台词。台词一出，满堂欢笑，笑声的背后却生动浮现出内外之间的复杂关联。

论文开头引用的是当年流行的一则小品，颇类似一首打油诗。这种文体和学术论文的距离十分遥远。但是，作为一篇讨论国际新闻的硬核文章，这个开头起到了"软化"的作用，能够让读者较为顺畅地进入学术情境之中。最重要的是，这首打油诗中有紧扣文章主题的话——"纵观世界风云，风景这边独好"。相信作者正是感受到这句话拥有的学术潜力，才敢于将小品搬到学术论文中。尽管有如上的优点，但是文章还是要迅速地转换到学术路径上。所以，在小品段落之后，作者很快引出现象背后的学术问题，将读者的视线引向"笑声的背后却生动浮现出内外之间的复杂关联"。到这句话为止，由小品语言构成的场景化开头就完成了自己的使命。

至此，我们可以总结一下场景化开头的特点。一是语言风格较为轻松欢快，易于引领读者进入论文的情境。二是在场景叙述完之后要迅速换转到学术轨道，可以引用文献或自己复述，引出现象所在的知识脉络。三是要善于从场景中提出问题，这其实是场景化开头的主要目的。

在初学学术写作的阶段，我们还是以学术化开头为主。因为这种开头方式可以较早地设定文章的学术基调，引出文献，提出学术问题，使文章不至于沦为散文或记叙文。相较而言，场景化开头则隐藏着一些风险，若是叙事能力欠缺或者场景选择比较无趣，一不小心就会变成拖拉且无聊的故事，会稀释论文的学术感。所以，除非某个场景特别契合，除非你可以凝练地概括，除非可以快速从场景转换到学术轨道，否则还是先试试学术化开头吧！

四、提问与引入知识脉络

学术界有一句流行语：学问之道，在于学会提问。一篇论文的开头也叫"缘起与问题"，充分说明了提问的重要性。一般而言，无论是学术化开头还是场景化开头，作者都要很快对现象提出系列性的问题。

这里以孙江的《文本中的虚构——关于"黎城离卦道事件调查报告"之阅读》[①]为例。这篇论文通过一则档案，重新讨论了中国

---

① 孙江：《文本中的虚构——关于"黎城离卦道事件调查报告"之阅读》，《开放时代》2011年第4期。

共产党在抗日战争中的崛起问题。文章的开头是一段引人入胜的故事："1941年10月12日夜，在中国共产党控制下的山西省黎城县北社村，突然响起的枪声打破了秋夜的宁静，一起名为'离卦道暴乱'的事件发生了。多年后，事件的经过是如此被描述的……"随后，作者引述了当年的一份档案材料，还原了当时对该事件的记录。该档案材料虽然篇幅略长，但是营造了很好的叙事氛围。紧跟着这段档案材料之后，是作者对这个事件的评述和提问：

> 黎城位于太行山南麓，属于共产党的晋冀鲁豫边区。一年半前，中共中央北方局在这里召开过太行、太岳、冀南地区高级干部会议，讨论抗日根据地建设问题。在会上，北方局书记杨尚昆在报告中强调："二万五千里长征的中心问题就是没有建立一个根据地，这是一个深刻的教训。这一观念要根深蒂固地钉在脑子里。军队到达一地，对建立根据地，首先就要负起这个责任。"从北方局高级干部汇聚黎城召开会议可知，黎城在共产党的牢牢控制之下。比照上述关于离卦道暴动的素描，读者一定会追问：离卦道民众为什么会反对从事抗日斗争的共产党基层政权呢？暴动的离卦道信徒是些什么人？这次暴乱对理解共产党的抗日动员有何意义？

在这段话中，作者首先通过档案的记录和自己所掌握的材料之间的冲突来引出问题。有意思的是，作者的表达方式是"读者一定会追问"，实际上这是作者自己的追问，但这样写可以比较巧妙地让读者进入文章设定的情境之中。随后，作者针对这一事件提出了三个问题：一是为什么发生，二是什么人参与，三是该事件有何意义。值得注意的是，这三个问题属于两个不同的层次，第一个和第二个问题是描述性的，其答案主要还是来源于事件本身，通过对史料的分析是可以解决的；而第三个问题则非常不同，因为它将研究引向了特定的知识脉络——"中国共产党的抗日动员"，因而具有理论的意义。这是一个非常重要的思维过程，有了这个知识脉络，就可以在特定领域进行合法性论证，后续的文献综述、理论对话等也都有了依靠。

所以，紧接着第三个问题的段落就是一个小型的知识回顾，该段落的第一句话如下：

> 如所周知，围绕共产党在抗日战争期间的崛起，学界积累了众多研究，形成了各种解释模式。

显然，中国共产党在抗日战争中的崛起是中共党史研究的重要议题，早已形成一个巨大的学术领域。随后，作者就在这个知识脉络中对事件逐步展开分析，不断与既有研究切磋对话，最终引出了自己的切入点。这个例子说明，用提问的方式将现象定位到知识脉络中，是行之有效的思考方式和写作路径。

第二个例子是笔者的《"中国"的一年：新闻、阅读与民族-国家在日常的兴起（1894—1895）》。这篇文章同样由现象写起，然后用提问的方式引出了知识脉络：

> 1895 年的三、四月，是近代中国的"多事之春"。四月初六，新晋翰林院进士蔡元培，在京师得知朝廷与日本签订"和约十事"，"痛哭流涕长太息"（王世儒，2010：31）。同一天，居于浙江温州乡下的举人张棡，读到了三月中旬的《申报》，知悉议和"确音"，深感"国耻"，"阅竟为之一叹"（俞雄，2003：24）。而

在江西和湖南之间来回奔波的举人皮锡瑞，从三月廿六起就持续关注着这件事，并不断与友人谈"时事"，愤怒伤心之余，有"亡国之兆"的感叹（吴仰湘，2015：400）。

陈旭麓（1992：154）说："1840年以来，中国因外患而遭受的每一次失败都产生过体现警悟的先觉者。但他们的周围和身后没有社会意义的群体，他们走得越远就越是孤独。"时移世易，上述三位读书人，所在省份不同，人生际遇差别亦大，虽然谈不上是什么先觉者，却也不再形单影只。事实上，翻看当时许多读书人的日记，类似这样的阅读、交谈和心情，殊为平常。对此，我们不禁要问，在1895年的春天，分散各地的读书人为什么可以同时关注战争与议和？实现这种同时性的社会条件是什么？他们的日常生活发生了哪些变化？进而，对国事和国耻的持续关切对近代中国人的国家认同（nationhood）有何意义？

这篇文章用的是场景化开头的方式，描写了分散各地的中国读书人因为甲午战败而产生的共同关注时事的现象；随后，用陈旭麓先生的文献作为对照，指出这种同时性关注的现象是1895年前后才出现的，以前并没有。接下来就从这个新的变化中引出了四个问题，分别属于两个不同的层次，其中第一、第二、第三个问题是描述性的，只要通过对史料的阐释就能逐步回答，而第四个问题则和《文本中的虚构——关于"黎城离卦道事件调查报告"之阅读》的最后一问一样，是为了引出现象所在的知识脉络而提出来的。具体来说，文章将读书人群体经由"新闻纸"阅读而能与国家动态保持同步的新现象，放到了"民族－国家认同"这个巨大的知识脉络中，由此将现象定位并很快转向了小型的知识回顾：

学术界关于历史中国民族主义（nationalism）、民族国家（nation）的研究彼此纠缠，形成两种不同的认识论。

上面两篇文章的开头很相似，均呈现了"现象—问题—知识脉络"这几个要素之间的思维关联性。如前所说，这些要素的外在形式可能会有些许变化，譬如问题可能用陈述句来表达，但是这条思维的逻辑链总是清晰的，顺着这个链条，文章将很快面临开头的核心任务，即对研究合法性的论证。

五、知识回顾和合法性论证

社会科学论文因为通常有专门的文献综述部分，开头段落的合法性论证常以小型知识回顾的形式展开；而人文历史类文章，由于很少安排单独的文献综述，所以知识回顾的篇幅要大一些。但是无论篇幅是大是小，两类文章的共性都是在开头处找出既有研究的缺口，证明本研究具有特别的学术价值。

首先以王昀、刘思佳的《重塑网络"舒适圈"：多重帐号实践中的用户自我呈现——基于微博小号现象之考察》为例。这篇文章的研究对象是微博小号，知识脉络定位在自我呈现。由于小号是账号之一种，因此，开头部分的知识回顾主要围绕着"账号和自我"的不同维度展开：

数字化生存时代，"用户即账号"是新媒介研究的共识。账号可被视作个人与社交平台相互联结的代理。面对媒介、文化和社会日渐增强的相互依赖趋势，人们不断依据新兴媒介形态来重新组织关联方式（戴宇辰，2016）。账号作为线上主体的象征，既承载着一切平台活动，又是人们自身内容生产持续塑造的产物。可以说，拥有一个账号是建立数字网络社会资本的基础，支持着人们信息创建、自我披露与社交媒体功能设计之间的互动性（De Leyn et al.，2021）。在卷入线上空间、设置平台账号、实现社会交往的过程中，用户完成了自我的媒介化。因此，既往研究往往将账号作为展示视窗，去观察人们在自我呈现之同时，展开的一系列表达、行动及其与线上公共空间的关系（Harris & Bardey，2019）。

上面这个小型的知识回顾主要由三位学者的文献构成，讨论了账号和自我关系的三个维度：作为人和社交平台联结的代理、作为网络社会资本的基础、作为自我的媒介化实践。这些认识是对有关账号的既有研究之总结。但是描述这些共识并不是作者的主要目的，真正的意图在于在共识中找到"缺口"，所以很快就有了转折：

然而，诸多针对线上行为的调查仍惯常性地将用户识别为某种"独立"存在，也即，身处同一平台的个体对应的是某单一账号，而未能涉及多重账号的叠合与联结性。

这里要强调一点，在合法性论证中，转折词"然而""但是"等是经常出现的，因为在描述既有研究的共识时，我们常常要肯定它们的贡献，而在寻找缺口时却又要很快地批判它们，这中间的急切转换就需要特定的转折词来帮助。就像上面这个例子中的"然而"，其转折在于，既有研究讨论的均是单一账号，未能注意到个体可能拥有多个账号，从而拥有不同的自我。

第二个例子是张咏、李金铨的《半殖民主义与新闻势力范围：

二十世纪早期在华的英美报业之争》。这篇文章的开头首先描述了"殖民主义/后殖民主义与报纸"这一知识脉络：

殖民主义和反殖民主义呈现多元的话语建构，包涵各方面的影响。他们认为，西方殖民者和殖民地人民的关系虽不平等，博弈却始终存在。殖民话语争论的主要平台是报纸，报纸对殖民者的态度、殖民方式的形成和转化，起到了关键的推动作用。例如寇代（Codell，2003：15，25）说，在维多利亚时代的印度和其他英属殖民地，报纸书写着某种"共同历史"，英帝国和殖民地国家"共同对自身和对方进行文本构建"。报纸既是体现帝国主义统治的"威权场所"，又是显露殖民地抵抗的"分裂场所"，属性看似相反却并存。

显然，这段话强化了报纸在殖民统治中的角色，但其描述的"殖民者—被殖民者"关系并不是重点，接下来的转折是：

殖民国家和被殖民民族的话语博弈，固然是殖民主义的重要面向，其实列强之间也彼此进行意识形态的角力。传统上东西方二元解读仅着眼于殖民者和被殖民者的双边联系，但殖民主义是环环相扣的国际框架，无论整体与部分之间，或是部分与部分之间，皆彼此相关。列强之间在扩张殖民时所常见的冲突与竞争，更绝不可忽视。当今世界诸国互相依赖的联系越来越深，但权力利益之争却一刻未停。唯有理解早期殖民国家的竞争，才能够深刻体会殖民主义的历史影响，及其与今日全球化格局的关系。

这段话简洁地指出了既有研究在视角上的欠缺，即在普遍的"殖民者 — 被殖民者"的叙事之外，还存在"殖民者 — 殖民者"之间的竞争问题，由此文章转换了研究视点；同时，作者还论证了视点转换的重要意义，从而使得本研究获得了强力的合法性。

除了新的视角之外，另一种更常见的合法性论证模式是通过"人无我有"的思维展开的，其落脚点多是文章要讨论的问题尚未得到充分关注。

首先以李艳红、龙强的《新媒体语境下党媒的传播调适与"文化领导权"重建：对〈人民日报〉微博的研究（2012—2014）》[①]为例。这篇文章从政治学领域的"政治调适"写起，逐渐引出"党的传播和宣传体系"的调适很少受到重视的事实：

> 但是，关于中国政党调适的研究目前主要集中在政治学领域，他们主要关注的是政党体系对精英的吸纳、组织的重建、扩张与内卷化，以及制度建设等（刘朋，2013；赵建民，2010；Dickson，2000；Zhang & Guo，2012）。在现有关于政党调适的文献当中，关于作为政党体系之重要组成部分的党的传播和宣传体系及其话语构成如何调适，尚未得到充分重视。

再以王艳的《移动连接与"可携带社群"："老漂族"的微信使用及其社会关系再嵌入》为例。这篇文章从社会科学的"流动转向"写起，随后引入流动性这个丰富的知识脉络。但是当转换到传播学领域时，就可以看到现有研究对"媒体、人和社会流动"以及

---

① 李艳红、龙强：《新媒体语境下党媒的传播调适与"文化领导权"重建：对〈人民日报〉微博的研究（2012—2014）》，《传播与社会学刊》2017年（总）第39期。

"老年流动人口"还少有涉及：

然而相比于"流动"在其他学科领域中的活跃程度，传统的传播研究中将传播、媒体跟人和社会流动性连结在一起的分析不多，关于流动人群的研究亦偏向于对该人群的媒介使用特征做一些静态的描述，关注对象主要是流动儿童、流动劳工、城市白领新移民、跨国移民群体等，而对老年流动人口少有研究。

再以笔者的《伟大的情感：近代报刊的"祖国"话语与意义争夺（1902—1927）》为例。这篇文章阐释了"祖国"一词的概念史，那么，为什么要选择"祖国"这个词呢？有何必要？文章是这样表述的：

在近现代中国，"祖国"一词，是中国民族国家形成和发展过程中的重要词语。不过，令人困惑的是，汗牛充栋的近代中国的民族主义研究，却几乎将之遗忘。我们可以轻易列举出许多关于"天下""国家""民族""中国"的论述，却唯独难以发现与它们十分邻近的"祖国"的踪迹；即便有零星的关注，也没有探索其作为国家认同话语的现代政治意涵如何兴起、如何稳定、如何被不同的政治力量与思潮所争夺并再阐释。总之，作为民族国家"概念群"中的关键词语，"祖国"在概念史的研究中是缺席的。

上述三个例子都是用"人无我有"的思维去论证研究合法性的。相较于在研究视角上寻找突破，这种方法要简单一些。不过"人无我有"的依据，一定是在中观层次的学术领域中展现出来的，而不能仅仅在现象层面。因为有时候，我们会发现某个最新的现象没有人讨论，譬如微信的"拍一拍"，这并不意味着"人无我有"，而是研究者没有将之上升到知识脉络造成的误解，所以仅有现象层面的、表面的独特性，不构成研究的合法性所在。

总结一下，在写作的流程经过引出现象、提出问题、定位知识脉络之后，就面临着最重要的合法性论证了。在这个环节中，一般需要一个小型的知识回顾，即言简意赅地勾勒出领域的样貌；然后再借助转折词，引出既有研究的缺口，在肯定与否定之中，完成对本研究学术意义的陈述，这即是知识回顾和合法性论证的一般性思维。

六、自我陈述

"缘起与问题"的最后一个要素是自我陈述。所谓自我陈述，就是用一两句话从正面告诉读者，本篇文章要写什么、准备怎么写、能解决什么问题。自我陈述的要素包括但不限于研究对象、研究视角、研究材料和研究问题等。

以王艳的《移动连接与"可携带社群"："老漂族"的微信使用及其社会关系再嵌入》为例，开头部分的最后一段即自我陈述，是由研究对象、研究问题以及关键概念构成的：

本文聚焦于中国城市流动老人"老漂族"与移动社交媒体微信之间的互动，考察他们如何在流动的生活中使用微信这一中介化传播勾连网络空间和现实空间，勾连家乡和他乡的社会关系网，从而维系和拓展社会交往，寻求社会关系"再嵌入"。这里的"再嵌入"（re-embedding）与"脱嵌"（dis-embedding）相对应，是乌尔里希·贝克（Ulrich Beck）等（2004，2011）描述个体化社会中"个人与社会关系"变化的一对分析性及解释性概念，本文用以考察"老漂族"在物理空间的流动之后，如何修复、重建原有关系网络，如何嵌入到某种新的机制、制度、关系网络的动态过程。

再以王昀、刘思佳的《重塑网络"舒适圈"：多重帐号实践中的用户自我呈现 —— 基于微博小号现象之考察》为例。这篇文章的自我陈述由研究视角、研究对象、研究问题（用的是疑问句）等要素构成：

相较于针对使用者文本话语的直观分析，本研究回到账号这一媒介物，从社交媒体"小号"凸显的多重账号现象出发，借此讨论人们线上生活得以组建的复杂性。通过探索小号创建、维护和运营机制，研究旨在厘清线上多重账号的生产规则和特点，讨论其对个体行动及其圈层实践产生的影响，从而检视媒介化时代私人领域与公共领域呈现的模糊性与互动性。具体研究问题在于：用户日常如何进行社交媒体账号管理？"小号"表现出怎样的线上行动和圈层交往意义？多重账号生产对个体而言意味着什么？

最后以笔者的《伟大的情感：近代报刊的"祖国"话语与意义争夺（1902—1927）》为例。这篇文章的自我陈述要更简单一些，主要是交代史料来源、方法和研究问题。值得一说的是，这里列出的几个问题不仅具有层次性，还一一对应着文章后续的主体结构：

有鉴于此，本文借助香港中文大学"中国近现代思想史全文检索数据库（1830—1930）"，通过梳理晚清民国的报刊文本，尝试回答以下问题:"祖国"的传统意义是什么?它被用来表述民族国家认同的现代政治意涵是何时出现的?在其内涵稳定后,哪些政治力量与思潮对其展开了意义的争夺?在这三个问题解决后,本文还将进一步探究"祖国"在近代报刊上的文本形式及其所表达的情感特征。

在引入现象、提出问题、引出知识脉络、合法性论述之后,在开头部分的最后一段安排自我陈述,有利于读者理解文章的写法,符合阅读的心理学规律。对作者而言,自我陈述也是对文章第一次进行概述性总结,不仅可以厘清写作思路,还可以为整篇论文的结构做好前瞻性铺垫。

"万事开头难。"一般而言,一篇论文的"缘起与问题"写作往往耗时最久,因为它是文章的"领头羊",有着统领的意义,所以最需要深思熟虑。但是,在开头所花的功夫是值得的,因为开头设定了文章的基调、论证了研究的价值、引领着全文的思路。对论文的第一句、第一段,我们尤其要精益求精。在学术写作中常有的现象是,每次写好开头一段,第二天再接着写时,又会从前面开始读起,把思路和文字再顺一遍,这就意味着开头可能是一篇论文中被阅读和修改次数最多的地方。根据笔者的经验,开头写顺了,后面的段落往往可以一气呵成。

第四讲
文献综述：思维的纵横交错

现代学术的研究合法性建立在与过去文献对话的基础之上。所谓学术创新，即是站在前人的肩膀上推进某项研究。所以，论文必须描述既有研究的状况，总结其贡献，指出其不足，因此形成了专门的"文献综述"板块。随着人类生产、保存、可搜寻到的文献越来越多，文献综述的字数也跟着水涨船高。话说回来，如果我们所做的每个研究，都能够在该领域成为别人综述的对象，那就是非常理想的写作状态了。

当论文进行到文献综述阶段时，说明现象所在的知识脉络已经明确，这是很大的进步。但文献综述常令作者头疼，因为它耗时费力，很容易暴露作者的学术视野和写作能力。很多质量不佳的论文有一个共性，就是文献综述仅是例行公事，只是低水平文章的罗列，读来令人乏味。但反过来说，文献综述也是一个机会，是充分展示作者阅读视野、理论素养、概括能力、写作水平乃至学术态度的重要窗口。好的文献综述，视野宽阔而又脉络分明，一眼即知作者是在何种学术高度展开研究的。因此，文献综述是一把"双刃剑"。

一、文献综述的功能

要想发挥文献综述的积极作用，首先要理解其用途，才能在写作时有所落实。概括而言，文献综述在论文中可以起到三种作用。

首先是作为知识地图，供学术共同体参照。在社会科学论文中，文献综述在论文中的位置相对固定，篇幅较大，易于识别，有利于学术共同体的成员迅速了解某个领域的知识脉络。现代学术分工细致，即便是同一专业的研究者，彼此也很难深入了解对方的领域；而对想进入某个领域的新研究者而言，全景式的文献综述提供的导引作用就更大了。作为知识地图的文献综述，其基本要求是覆盖全面、路径清晰，形成一种全景式的平行叙述样式。譬如王艳的《移动连接与"可携带社群"："老漂族"的微信使用及其社会关系再嵌入》。这篇文章用了很长的篇幅，在多个学科之间，展现了"流动转向"和"老人传播"两个议题的知识脉络，仿佛将读者置于一幅全景图之中。

其次是为他人提供研究线索。有一些研究者对文献具有天生的敏感性，同时又有写作的耐心，因此能够将最新的、重要的文献"一网打尽"，并娓娓道来，形成独特的写作风格。我们常常可以从这一类学者的文献综述中找到线索，并让它为我所用。这里以笔者写的《"中国"的一年：新闻、阅读与民族-国家在日常的兴起（1894—1895）》这篇文章为例。由于该文涉及"民族主义"这一巨大的知识领域，对笔者的阅读储备提出了很高的要求，因此文献部分一直不太理想。直到有一天，笔者读到沈松侨的《中国的一日，一日的中国——1930 年代的日常生活叙事和国族想像》①一文，突然感觉遇见了"救星"，顺着这篇文章，捕捉到不少关于"日常的民族主义"的线索，由此展开搜寻和写作，最终顺利完成了论文。

最后，文献综述还有为作者自己铺路的作用。从学术共同体的角度看，无论是作为知识地图还是提供线索，好的文献综述可以惠及他人。但是，它的作用远不止于此，其更大的价值在于为研究者本人服务。相较于开头部分的小型知识回顾，文献综述是要在更细致翔实的叙述中重新阐明研究的合法性，也就是说既有研究最终会沦为"背景"。在这个意义上，文献综述有时就不太重要，因为它只是要被"打倒"的对象。在写作时，我们应该有这样的决心和信心，即站在既有研究的肩膀上，或者干脆将其"踩在脚下"，由此走出一条创新之道。在这种心态下完成的文献综述往往充满对话，充满主体的思考，能够在肯定和否定之间自由切换。在不断的思维转换中，一篇论文的创新价值能得到更为充分的论述。

二、横向铺陈

一般而言，有横向铺陈和纵向延伸两种综述文献的方式。首先从横向铺陈谈起，因为这是研究者最喜欢使用的综述写作思维。横向铺陈也有两种形式，一种是对文章涉及的几个领域进行平行展开，另一种是根据研究问题的不同维度分别加以叙述。

采用第一种形式的论文往往涉及两到三个不同的学术领域，领

---

① 沈松侨：《中国的一日，一日的中国——1930 年代的日常生活叙事和国族想像》，《新史学》2009 年第 1 期。

域之间有一定的距离。譬如本书多次提及的《移动连接与"可携带社群"："老漂族"的微信使用及其社会关系再嵌入》一文。这篇文章的文献综述虽然很长，但写作的结构却是比较简单的横向铺陈。文章讨论的是流动社会中老年人的微信使用和社会关系，根据这个问题，作者将文献综述分成两个方向，一是"社会科学的'流动转向'与'流动传播'研究"，对应的是文章的理论背景；另一个是"中国的'老漂族'及其相关研究"，对应的是研究对象。每一个部分的叙述中，作者均讨论了多学科对相关问题的研究进展。值得注意的是，两部分文献综述最后交汇在"老漂族"的微信使用和社会关系上了。

再以孙萍、李宜桐、于小童的《"中介化爱情之困"：理解线上交友平台的媒介化和性别化》[①]为例。这篇文章讨论的是线上交友平台如何影响亲密关系的建构，尤其关注了性别因素。文章的文献综述同样涉及两个距离较远的方向，一个是"媒介化"，对应的是关于线上交友平台的诸多研究；一个是"亲密关系与性别感知"，对应的是爱情、性别这个领域。在媒介化这个方向上，作者描述了媒介化的历史和理论脉络、媒介对性别和亲密关系的影响。在亲密关系和性别感知这一方向上，作者以亲密关系为叙述起点，很快转向线上亲密关系面临的隐私、阶层和性别问题。同样值得注意的是，两个方向也在文献综述的最后实现了交汇。

之所以在上述两个案例中强调文献综述的交汇问题，是因为在写作实践中，此种被普遍使用、相对较为容易的横向思维，往往导致离题太远的问题，使文献综述沦为无效的文字。很多文章的综述部分在互不相关的领域中洋洋洒洒，却忘记了文献综述为何而写。

---

① 孙萍、李宜桐、于小童：《"中介化爱情之困"：理解线上交友平台的媒介化和性别化》，《妇女研究论丛》2023 年第 1 期。

综述的关键还在于，我们要牢记文献综述是为自己的研究服务的，每个领域的叙事最终要回到研究对象上。因此可以说，在每一个横向叙事的框架内，其实都有一条暗线在不断地指向我们自己的研究问题，最终使文献综述实现交汇。

横向铺陈的第二种思维是针对同一事物的不同方面进行文献的组织。由于有一个不变的描述主体，因此这一形式比较容易把握，问题的关键在于如何找到不同的维度。以王昀、刘思佳的《重塑网络"舒适圈"：多重帐号实践中的用户自我呈现——基于微博小号现象之考察》为例，这篇文章的知识脉络很清晰，就是"账号使用与自我呈现"。作者根据研究问题设定了三个文献综述方向，分别是"账号内容生产：一种媒介化自我""用户自我呈现及其社会化关系"和"社交媒体小号与线上公共参与"。从内容到关系再到公共参与，这三个维度之间有一定的内在关联性，分别涉及自我、他人和社会。所以，这个文献综述的难度可能并不在于维度的寻找，而是账号这一现象涉及的知识脉络相对狭窄，需要研究者对数量不多的单篇文献做精细化的解读。

上面几个例证展现了文献综述的两种横向铺陈样式：一种是根据研究议题涉及的领域，将文献划成几个不同方向各自描述，在结束时适当交叉；一种是从同一研究对象的不同维度延展，各部分联系相对紧密一些。要注意的是，第一种形式的文献综述结构，是一种近乎平行、互不干扰的关系。在这种思维下写成的综述，篇幅较大，尤其适合硕士和博士学位论文，但缺点有时也十分明显，因为如果没有交叉汇合的意识，或缺乏关照自身研究对象的自觉，平行叙述很可能不知不觉就偏离了文章的核心问题，从而使文献综述沦为一种装饰。

三、纵向延伸

文献综述的第二种写法是纵向延伸。这种写法也有两种形式：一是直接用时间来展现某个领域的发展脉络；二是不断"下台阶"，将文献涉及的领域由大降到小，直到逼近研究问题。相较于横向铺陈，纵向延伸对思维的要求更高一些，作者必须围绕同一个主题展开叙事。

其中，以时间为线索的纵向脉络操作起来简单一些。在夏倩芳、袁光锋的《"国家"的分化、控制网络与冲突性议题传播的机会结构》这篇文章中，文献综述的主题之一是媒体与国家的关系，其展现过程就是历时性的："在 20 世纪 80 年代之前，总体而言，'国家'还是一个笼统的和抽象的概念，没有形成像现在这样多元的利益主体"；"80 年代，中国实行了'改革开放'的政策，媒体与国家的关系开始发生重要的变化"，"'国家'开始分权"；"90 年代之后，国家和媒体的关系就进入了新的阶段。之前整体性的、笼统的'国家'不断分化"。采用这种叙述方式形成的文献综述，也可作为研究的背景性叙事。

再举一个相似的例子。在笔者的《路上无风景：城市"移动空间"中的交流》中，有一段话是这样写的：

可以追溯到 19 世纪的重要变化——源自英国、随后扩散到全球的工业化和城市资本主义得到了充分发展。城市史专家科特金（Joel Kotkin）（2014：143）指出"18 世纪后期，英国率先创立了一种新型的城市——主要依靠大规模生产产品"；"19 世纪 50 年代，随处可以见到英国城市新秩序的表征：纵横的铁路大桥、交错的隧道、蔓延的工厂"（149）；"到 19 世纪后期，大型城市中心几乎出现在每一个大陆上"（167）。尽管变化的步伐不同，但工业化为全球范围的许多城市带来了共同变化，包括人口激增、环境恶化、区域扩大以及公共交通的兴起。20世纪的后50年，是私人汽车迅猛发展的时代，"伴随汽车和现代高速公路对城市设计的巨大影响，城市的形态也许经历了数千年以来最剧烈的转变"（Marshall，2005：3），其表征为城区的扩张和交通网的巨大延伸。如今，汽车、地铁和城市间铁路，以及与之相关的基础设施建设，方兴未艾。交通系统深嵌当代城市，形成壮观的日常移动景观。

这段话描写了城市交通系统的增长历程。虽然不是以文献综述的形式出现在文章中，但是这种以时间节点为线索的叙事方式，只要对每个时间节点的相关研究进行有效补充，就能扩展为纵向的文献综述。这种写作方式可以兼顾文献和叙事。

第二种"下台阶"的方式比较考验思维的能力。一般而言，论文开头所定位的知识脉络，常常是比较宏观的。这个宏观领域和文章的具体研究对象之间往往还有较远的距离，这就需要在文献综述写作中予以"降阶"，即一步一步地从宏观视野缩小到具体对象，以便接近研究问题。这种方式既可以展现该领域的发展脉络，又能够充分完成研究合法性的论证。

以笔者的《五四运动在乡村：传播、动员与民族主义》为例，这篇文章细致呈现了文献综述的"下台阶"思维方式。显然，文章的知识脉络是"五四运动史"这一巨大的领域，而具体的问题却是"五四运动在乡村"，两者之间有一定的距离。那么要如何设计文献综述的层次，才能保证由宏观到具体的每一步走得自然和扎实呢？

首先，第一层次的文献往往涉及重要的研究问题，起步应开阔而有气势，能充分展现作者对该领域的整体性了解。所以，需要在海量文献中找到最重要的几个。具体到这篇文章，笔者在五四运动史研究中，选取了四位重要学者的成果，将其分成两种类型予以描述：

　　学术界关于"五四"的研究可谓汗牛充栋，主要将其置于新文化或启蒙运动的范畴予以思考。舒衡哲（Vera Schwarcz）将五四运动视作中国的一个"凝缩了的启蒙历史"，认为它"只是一个极其短暂的事件，一个在一系列政治和社会革命的间隙中展开的思想活动"。这种注重思想或文化的路径蔚然成风，但受到陈曾焘的批评："过于关注文化或政治，以致扭曲了运动的性质，模糊了五四作为社会现象（social phenomenon）的意义。"德利克（Arif Dirlik，又译德里克）也指出，对"五四"的注意力过于聚焦于思想的结果是，"思想渐渐脱离它们的社会甚至社会内容，以致五四思想成了脱离历史的抽象"。相较而言，周策纵将"五四"看成一个综合而复杂的现象，既是新文化意义上的"五四运动"（May Fourth Movement），也包含作为社会政治运动的"五四事件"（May Fourth Incident）——"若分开两者，它们都无法被充分说明，更无法了解这一时代"，这种说法能更为平衡地勾连思想/知识与事件之间的内在联系。[①]

　　这段话概括性地描述了五四运动史的相关研究，是文献综述中最宏观的一层。笔者采用事件/思想的分析框架，对上述文献予以分类描写。这种方法有两个优点，一是便捷地引出了重要作者的重

[①] 原文以尾注形式著录文献出处，此处省略，下同。

要文献，二是为将五四运动看作事件的认识论做好了铺垫。

但是，文章并不打算对五四运动史研究做全面考察，因此要将叙述的重心迅速引向城市／乡村视角。所以，第二层次的文献很快出现：首先概括了既有研究的共识，指出其在城市方面的偏向，然后用一个文献予以支撑：

不过，无论是将"五四"看成持续的新文化运动，抑或仅是起始于1919年5月的较为短暂的历史事件，现有研究多以城市为主要关怀对象。叶文心的研究即表明："五四运动在浙江省实际上是一个城市现象。当消息传播到省时，只有杭州、宁波和温州三地给予了回应，其他地方则没有什么动静。"这个现象无可厚非，因为就"五四"自身而言，无论是运动或事件，其展开的场所、涉及的人群、期刊发行的区域，都以城市为主。一言以蔽之，五四运动主要发生并传播于中国的城市之中和之间。

上述段落中虽然只有一个文献，但是很关键，因为这个文献直接点出了既有研究中的城市／乡村问题，为乡村的出场提供了一个很自然的台阶。有了这个台阶，第三层次的文献就可以实现由城到乡的视角转换了：

但随着研究的深入，一些学者的思考开始涉及"五四"的渗透问题，尤其是向下层社会的扩散。这些声音一方面是要回应历史研究视角下调的趋势，另一方面还可能与中国共产党成立后对乡村实施动员的大背景有关，其成功经验令学者认为有必要审视在发生时间上与之临近的五四运动中，学生群体在乡村与"无界"的乡民进行的交往。德利克曾说："五四运动是近代中国史上的第一个运动这一论断的真正理由在于：它是一个'普遍性'的运动。正是地理范围的普遍性，它的影响及于中国大部分城市；正是社会范围的普遍性，它聚集了中国社会不同的集团、阶级，它的影响甚至扩展到农民中间。"此语已略微涉及乡村与农民，不仅说明五四运动影响范围之广，也说明它的渗透之深。王汎森的研究也触及这一问题："目前为止，学界对五四的研究仍然较集中在举国闻名的人物，对那一群北大老师、明星学生及各省响应的知识青年了解很充分，但是对地方或草根层次的五四研究却相当之少。"

这一段话中使用了两个较强的文献来论证视角由城市转到乡村的学术意义，进一步加强了文章的合法性。虽然不是很直接，但这已是为数不多从正面肯定乡村视角的文献了。好在，笔者还找到了第四层文献，这层文献和文章的关注点非常相似，并且也是更具体的研究，所以文献综述继续往下走了一个台阶：

在为数不多的强调地方特性的五四研究中，江浙是"下行"的首要区域。叶文心较早便指出："五四运动在杭州，比较之于北京，本身便代表了另一种截然不同的求变的讯息。这个讯息来自中国内地乡镇社会。"瞿骏讨论了新文化运动与江浙基层读书人的连结，其地理范围包括"江浙地区县城以下的广大地域社会，特别是各个市镇与乡村"。徐佳贵以1917年到1927年间浙江温州地区的出版物为文本，探索了五四新文化运动之"可能的'地方'形成机制"。

这段话中的三个具体研究，证明了乡村视角的可行性。在第四层次的文献出场之后，文献综述的基本任务就已完成。可以看到，在不断的思维"降阶"中，文章不仅展现了五四研究的基本状况，还一步一步地将宏观视野缩小到关于城市／乡村的讨论中，最终落实到文章的具体视角——乡村。

纵向延伸的文献综述，在"下台阶"的过程中常常带有思维的转折。每一个转折的过程，都是对研究合法性的加强。所以，在第四层次的文献，即和自己关注点相似的研究出场后，文章抓住机会又向前走了一步，再次强化了研究价值：

> 显然，这几个具体研究有别于以往偏向上层／中心的路径，打开了探索五四议题的新视野；然而，这些研究涉及的人群均是居于江浙乡村的读书人或青年知识分子，并非常住的普通民众。或限于史料，或限于对既有研究路径的依赖，我们对五四运动在乡村民众之中的扩展还知之甚少。

到这里为止，文章设定的以乡村民众为主体的五四运动史研究，其学术合法性和独特价值均已显现。再回顾一下，这篇文章的第一层文献，宏观地展现了五四运动史研究中的两种认识论——将五四运动作为事件或作为思想；第二层文献落到中观，发现了五四研究主要以城市为视角这一共性问题；第三层文献还是中观的，讨论了视角由城市转换到乡村具有的学术意义；第四层文献则走到微观，在具体研究中证明了乡村视角的可行性。在下完这几个台阶之后，作者再次在个案的比较中强化了本研究的独特价值。

四、纵横交错

上面两节从横向铺陈和纵向延伸两个角度，分别引介了文献综述的写法。但分开叙述只是权宜之计，真正好的文献综述总是纵横交错的，不但注意议题在横向上的拓展，也关注议题在深度上的下探。所谓纵横交错，就是既给人以宽阔的视野，又能够聚焦研究问题。

能够比较好地实现文献综述纵横交错的文章并不多见。这里仅以孙江的《文本中的虚构——关于"黎城离卦道事件调查报告"之阅读》为例，看看文献综述的纵横交错是如何落实的。这篇文章第一层次的文献是论述中国共产党在抗日战争期间的崛起，显然，这是一个需要宏观展现的复杂议题：

如所周知，围绕共产党在抗日战争期间的崛起，学界积累了众多研究，形成了各种解释模式。查莫斯（Chalmers A. Johnson）提出民族主义的解释模式，认为中共在抗日战争中通过激发农民潜在的民族主义，从而引导农民走上了共产党领导的抗日道路。与此相反，以塞尔顿（Mark Selden）为代表的研究批判民族主义的解释模式，强调共产党的土地改革使农民获得了最大利益，这是农民支持共产党抗日斗争的根本原因所在。而片冈铁哉（Tetsuya Kataoka）则看到共产党的组织在斗争中的作用，正是这种组织力使其不断走向壮大。后两种解释分别体现在裴宜理和陈永发的更为深入的研究中。裴宜理（Elizabeth J. Perry）注意到地理生态和社会政治环境在共产党革命中的意义。陈永发则关注"现在进行时"的革命的展开过程而拒绝单一解释模式，关注乡村场景中共产党和农民的互动关系而非止于政策层面的解释。

这一段话仅仅用五个文献就将这个复杂领域的脉络呈现出来了。"解释模式"这个词，显现了作者的宽阔视野和概括能力。如果说这是一种横向铺陈，那么，作者紧接着用纵向延伸的方式引出了第二层次的文献：

20世纪80年代末以后，随着研究方法和对象的变化，学者们又有了新的看法。周锡瑞（Joseph W. Esherick）在对革命研究的反省基础上，指出共产党的文本叙述对学者研究的影响。凯瑟琳（Kathleen Hartford）等指出以往的研究在方法上带有本质主义特征，即都想通过目的论的考察找出一个具有普遍意义的答案，而对共产党各个抗日根据地的研究，发现并不存在对革命的唯一解释。

这一段话中引入的两个新文献是该领域在时间意义上的纵向延展，同时，这部分综述也是一次思维的"下台阶"，因为两个文献提示的"文本叙述"和"非本质主义"，均和作者即将要采取的研究路径相同。所以，这是在认识论层面找到了与自己相似的研究，增强了文章的研究合法性。

接下来的第三层文献则是关于研究视角的论证。作者首先批判了既有研究的共性问题——"自上而下"，接着又引介了两个文献，从正面阐述了自下而上视角的可行性：

包括笔者在内，受资料性质的限制，在关于革命研究中自觉不自觉地习惯于从"他者"来揣测农民的政治态度，这种自上而下的研究方法妨碍了对社会底层的认识——村庄的变化给村民带来了怎样的实际问题，村民是如何感受和回应这些问题的。塞尔顿等认识到以往自身研究的不足，对河北南部的一个模范根据地进行了前后50次的调查，使读者听到了以往不曾听到的战争下的村民的声音。同样的研究在三谷孝等人的研究中也有所反映。

这样，在这三个层次文献的纵横交错中，作者完成了文献综述的基本任务：既有横向层面的拓展，开拓了读者的视野；也有纵向层面的延伸，逼近了自己的研究问题。最后，在作者找到十分相似的文献后，再一次展开了合法性论证，展现了本研究的独特价值：

但是，如果对这些调查研究进行挑剔的话，在经过几十年的政治动荡之后，农民的口述在多大程度上能再现当时的历史场景？换言之，阅读者需要甄别记忆的再生产对再表述行为（re-representation）的影响。基于这一认识，以下笔者将以黎城事件后不久共产党的调查为基本资料，探讨村民对革命和战争的看法，通过村庄这个"场"考察作为"现在进行时"的革命和战争。

总结一下，纵横交错其实是我们在写文献综述时应该秉持的基本思维。即便用的是横向铺陈，也要在叙述中体现纵向延伸，反之亦然。当下的学术论文，文献综述使用横向铺陈的形式较多，但存在着不少问题。采用纵向延伸写法的较少，因为难度较大。所以，最好的方式是理解两种写作形式，综合运用，在保证文献宽广度的同时，更要注意在纵向维度的延伸，学会让文献"下台阶"，一步一步从宏观缩小到中观，再落实到微观，从而逼近自身的研究问题。这样的写法不仅能保证文献综述不会离题太远，还能加强文章合法性和独特价值的论证。

五、再次陈述或提问

在漫长的文献综述结束后，作者和读者可能都需要喘一口气，这时在文献综述的结尾处，可以再次进行自我陈述或提问，在量化研究中则可能是提出研究假设。这里的陈述或提问有两个目的，一是再次告诉读者，文章要怎么做；二是阐明文章要解决什么问题。相对"缘起与问题"中的问题，这里的问题会更加具体一些，并且可能和文章的主体结构一一对应。

譬如，王艳的《移动连接与"可携带社群"："老漂族"的微信使用及其社会关系再嵌入》，在文献综述的结尾部分，作者提出了和主体结构一一对应的三个问题：

据此，本研究提出以下三个具体的研究问题：

研究问题一："老漂族"们如何使用微信在流入地结交新的朋友，这对他们新的社会关系的创造和扩展有何作用？

研究问题二："老漂族"们如何使用微信与老家的亲友联系，这对他们旧关系的找回和维护有何作用？

研究问题三："老漂族"们在返乡过程中如何使用微信，这对他们在不同空间之间的连接与切换有何作用？

在张咏、李金铨的《半殖民主义与新闻势力范围：二十世纪早期在华的英美报业之争》一文中，作者在文献综述之后以陈述句的形式清晰地提出了研究问题，同样是与主体结构一一对应的：

本文首先说明外国在华报业竞争对于半殖民地中国的意义，然后解释20世纪10年代至30年代美英在华报业竞争的三大历史前提。第三部分，则是比较美英报纸编辑的立场，以及两国报纸与中国有关的殖民话语。最后讨论外国报业、殖民主义及其现代意义，作为全文结论。

在李红涛的《"点燃理想的日子"——新闻界怀旧中的"黄金时代"神话》一文中，作者在主题为"怀旧与新闻业转型"的文献综述之后，使用了陈述和提问兼具的表达形式：

本文将接续这些围绕热点时刻展开的研究，并努力跳出与"离开"或"纪念"相关联的单一个案，将"怀旧"与新闻业转型联系起来，对"黄金时代"叙事展开全面的分析。研究问题包括：（1）不同场景下的黄金时代叙事指向为何？有何共同元素？如何连接个体追忆与集体记忆？（2）以黄金时代为中心的怀旧与新闻业当下处境的关联是什么？如何勾连过去、现在和未来？（3）对于新闻界而言，怀旧到底意味着逃避现实，还是为理解现实提供了框架、为新闻业转型提供了话语资源？

上述几个例证让我们对文献综述之后的自我陈述或提问有了基本的把握。这部分内容，一方面是要帮助作者和读者从文献的迷雾中走出来，另一方面又能够在整篇文章的结构中起到承上启下的作用。

到此为止，学术写作中最容易暴露水平的文献综述就告一段落了。我们首先要理解文献综述的功能，然后了解其具体的写法，最后还要注意再次进行陈述或提问。在这些内容中，最重要的是写法当中的纵横思维之训练，尤其是横向铺陈中的"交汇"和纵向延伸中的"下台阶"。因为在更严格的意义上，文献综述是为合法性论证服务的，而展现知识地图、提供研究线索等作用都只是一种辅助。我们只有在纵横思维中不断"下台阶"，才能更具体地呈现出研究的学术意义，这也可以说是整个学术写作的基本思维。

第五讲
文献的技术：来源、配置与运用

　　一般而言，文献综述是一篇学术论文中文献最密集的地方。但是，论文中需要文献的地方远不止于此。实际上，文章从开头到结尾，无不需要文献来支撑。除了论证合法性、展现知识地图之外，有的文献还可以用于修辞，有的文献可以用来描述，有的文献能够对话，不一而足。这就带来了一个新问题，即什么样的文献是适合被引用的？如何在整篇文章的视野下配置文献的资源？怎样让文献发挥更好的作用？用哪些方法可将文献恰到好处地置入文章的叙述之中？这些关于文献的技术，是学术写作中比较细微的规则。

一、重要文献的来源

　　论文主要靠文献提升学术感。一篇文章引用的文献水平应高于自己所写的文章，这恐怕是学术界隐藏的一个共识。所以，选择文献的原则之一就是重要性。如今，正是学术论文数量爆炸性增长的时代，任何一个领域都积累了相当多的文献；同时随着知识类搜索引擎的普及，文献的发现和获取都变得更加容易了。毫不夸张地说，每个研究者都可以轻易获得一堆文献，所以学术写作面临的不是缺少文献，而是文献选择的问题。

那么，如何找到那些重要的文献呢？

首先是有判断力地去使用知识搜索平台。以使用广泛的"中国知网"为例，该平台收录了海量文章。可以说，随意输入某个关键词，只要不是生僻的词语，就立刻能够得到成百上千篇论文。但问题是，这些论文都是有学术价值的吗？都可以作为参考文献吗？显然不是。因为知识搜索平台首要追求的是数量，可以说"有文必录"。它们在质量上缺乏衡量标准，也不会把关，因此用关键词搜索出来的很多文章水准欠佳，甚至根本不是学术论文。搜索只是研究的第一步，其作用只在于让研究者大概知晓该议题的研究热度。而要在搜索出来的一堆文献中，判断出哪几篇文章是重要的，这就对写作者的学术判断力提出了基本要求。一般而言，我们对自己所在学科的一些重要期刊、重要作者应有基本的了解；对何为规范、有学术价值的论文应有基本的判断。这些素养是在平时的学习中逐渐养成的。

其次，要注意对图书的积累和引用。如今的学术文章，普遍重期刊、轻图书，原因是知识搜索平台对于期刊文章的搜索过于便捷，同时学术发表追求短平快。虽然这并不意味着文章质量必然会下降，但单一的文献来源显然忽略了人类历史上更经得起时间考验的知识库——书籍。笔者曾写过一篇未发表的名为《中国进入数字"世界"：统计、痕迹与数的民族主义》的长摘要，知识脉络定位于"数据与民族主义"，大概的论述方向是现代国家的兴起需要信息统计的支撑，其倾向于公布有利于增强民族自豪感的数据。这些观点都需要相关文献来支撑，但这个领域超出了笔者平时的关注范围，在知识搜索平台上搜索到的几篇文章关联度也很小，没有刺激。后来笔者终于在吉登斯的《民族-国家与暴力》中发现了很多极具启发性的论述，譬如：

• 从绝对主义国家向民族-国家的变动，有一个很好的标志，就是系统收集"官方统计数据"的出现。在绝对主义时代，数据收集仅就国内事物而言，主要集中在两个方面，一个是财政与税收，一个是人口统计。

• 从18世纪中期开始，所有国家的官方统计都保持并扩展了这些内容。它们覆盖了社会生活的诸多方面，并且第一次做到了详细、系统并几近完备。它们包含对下述材料的集中核计：出生、婚姻和死亡；关于居住、种族背景与职业的统计；还有后来被魁奈（Quetelet）和其他人称之为"道德统计"的东西，涉及自杀、犯罪、离婚，等等。

• 民族-国家的行政力量，如果没有信息基础作为反思性自我调节的手段，就无法存在下去。①

从这本书中摘录的很多文字，构成了笔者写作这篇长摘要的思想资源。这个例子说明，很多思想性的、理论化的叙述，在单篇的学术论文中不太容易看到。并不是说图书的内容一定是好的，毕竟现代出版体制下的图书质量同样良莠不齐，而是图书和期刊其实是互补关系，两者提供给学术研究的资源有所不同。但就当下的学术写作而言，有必要强化图书作为文献的意义，因为匆忙的研究者似

① 吉登斯：《民族-国家与暴力》，胡宗泽、赵力涛译，生活·读书·新知三联书店，1998，第220—221页。

乎不太愿意花时间读书，而更喜欢走"快捷通道"搜寻期刊文章，这导致论文呈现出一种整体性的思想匮乏。

最后是根据重要文献的线索继续寻找和积累文献，即所谓的"滚雪球"办法。假设我们已具备基本的学术判断力，能够分辨出哪些论文是可靠的，哪些人写的文章是有水准的，这就可以保证我们获得第一批重要文献。但是，个人的眼光总是有局限的，还需要花一些笨功夫，根据这些文献再去寻找新文献。这种方法特别适用于刚进入某个领域或议题时。一般而言，好的作者会有好的品位，好文章也会引用好文献。如果我们能以领域中数个重要的作者、数篇重要的文章为起点，借助其慧眼，就好比站在山顶看风景，可以迅速扩大重要文献的储备。

所以，在文献极其容易获得的今天，我们尤其要注意筛选和引用那些真正具有学术价值的重要文献。作为研究者，要逐步养成有学术判断力的眼光，谨慎使用知识搜索平台，多阅读和积累书籍中的思想资源，多通过好文章去寻找好文献，日积月累后，再写文章时就会呈现出不一样的气象。文献的选择能够体现研究者的眼光，如果文章中充斥着同一种类型的低水平文献，那么其学术水平就和所引文献处在同一个层次了。因此，只要看一个作者所写的文章中引用了什么，就大概知道这位作者能写出什么了。

二、分布和配置

一篇论文引用的文献数量达到多少算够呢？这其实没有绝对的标准。首先，文献肯定不是越多越好，因为一篇文章中如果每句话必引用，多少让人感觉有些刻意；不仅如此，文献太多还容易淹没作者自己的叙述，令其失去表达能力。其次，文献当然也不是越少越好，文献太少的文章好像是患上了营养不良症，难以支撑起论述。

现代学术研究对文献的搜集几乎可以做到穷尽，但是并无必要。我们掌握了规模适中的文献后，就可以着手写作了。何为适中？可以自行判断。先是掌握三类核心文献：一是数篇经典文献，能够大致勾勒出领域的研究轮廓；二是在中观层面和文章议题类似的数篇文献，能够指出文章在知识积累和角度开拓上的贡献；三是在微观层面的一些具体的文献，足够证明研究的可行性。除此之外，还要掌握一定数量的、宽泛的非核心文献。这些文献中的某些话语和表达，可以分散在全文中使用。有时候，哪怕只是片言只语，用得恰到好处的话，也能为文章增添色彩。

除了文献数量适中之外，还要注意将文献均匀分布在文章中。当下的学术文章常常有"头重脚轻"的现象，即在缘起与问题和文献综述两部分，会有较高密度的文献，但是一旦进入材料与方法、经验分析、结论与讨论等环节时，文献就非常稀疏了。这种现象存在两个问题：一是形式上的不平衡，文章前后的学术感差异较大；二是内容层面的，说明作者在后续的经验分析中缺乏与文献对话的能力，理论和经验材料之间是分离的，没有多少关联性。这种状态下的学术论文一般质量不高。

为了避免上述不平衡的情况，作者就要综观整篇文章，有意识地做好文献资源的配置，在形式上尽量做到相对平均，在内容上做到有机结合。这里以笔者的《路上无风景：城市"移动空间"中的交流》为例。在为这篇文章积累文献时，笔者多次受到加拿大学者雅各布斯（Jane Jacobs）所著《美国大城市的死与生》①一书的启发，摘录了这本书中的很多文字。但是，在实际运用中发现，如果在某个段落过于集中地引述同一本书也会带来问题，造成不好的阅

---

① 雅各布斯：《美国大城市的死与生》，金衡山译，译林出版社，2005。

读感受。因此，为了尽量保留相关的论述，同时又避免突兀和冗余，笔者从以下几个方面对文献做了调整。

第一是保留最需要的引文段落，直接引用。在摘录的文字中，笔者仔细翻检阅读，终于选定了和文章叙述最贴切的一段话，将其全文引用。这句话的主旨是现代城市中的各种交通设施限制了人与人的交流：

因为车辆造成的拥堵，街道要么是被拓宽，要么是被改成直道；宽阔的大道被改为单行线，交叉信号系统被安装在街道上，为的是能让车辆行驶更快。桥梁被改成了双层，因为单层桥梁已到了饱和程度；快速干道先是一头被拦腰切断，而后是整个系统被分为东一块、西一块。越来越多的土地改成了停车场，为的是让那些数量急剧增加的车辆在空闲时有地方停车（Jacobs，1961：348）。

虽然这段话的理论性不强，却涉及了文章要讨论的关键问题。如果是笔者自己去描写，将涉及街道、单行线、信号灯、桥梁、快速干道、停车场等事物，可能会显得相当冗余。而借用雅各布斯的语言，则要简洁许多，也更有说服力。

第二是只留下核心的句子，删除冗长和多余的话。在保证原文意思的前提下，可以适当减少引用的字数。此外，由于文章已经出现了单独引用的该作者著述的段落，所以其余部分尽力避免大篇幅的引用。因此，笔者就只在合适的段落中嵌入该文献的某一句话：

从公共性的角度看，"如果城市人之间有意义和重要的接触都只能限制在适合私下相识的过程中，那么城市就会失去它的效用，变得迟钝"（Jacobs，1961：55）。

第三是将文献平均分配。这一点对于引用次数较多的文献是非常必要的。若同一文献多次集中出现在文章的一处，容易造成阅读疲劳，也不利于作者自己展开叙述。所以，要放眼全篇，将不得不使用的文献合理分配，尤其是放到文章的后半部分，以保持平衡性。在《路上无风景：城市"移动空间"中的交流》一文中，笔者一共引用了五次雅各布斯的表述，除了上面提及的两处之外，其余三处均为简短的一两句话，并分别位于文章的最后三页，力求使其在文中保持一定的间距：

• 作为记者的 Jacobs（1961：3）就批评美国的城市只知快速："人行道不知起自何方，伸向何处，也不见有漫步的人。快车道则抽取了城市的精华，大大地损伤了城市的元气。"

• 地区的主要功能"必须要多于一个，最好是多于两个。这些功能必须要确保人流的存在，不管是按照不同日程出门的人，还是因不同目的来到此地的人"（Jacobs，1961：149），唯此才能保证城市生活的丰富性。

• 我们也许要"后退"一步，采用类似 Jacobs（1961：57）的提问："人行道上平常的、非正规的生活如何来支持更为正规、有组织的公共生活？"

这些简短的引文并不仅仅具有平衡结构的意义，有时候它们发挥的作用也很关键。譬如，最后一则引文，就启发笔者找到了这篇文章的研究意义。因为文章最终走向了批判移动生活对城市空间中非正式交流的影响，那么，就要正面阐释这种非正式交流的意义。

而雅各布斯的这句话，恰好说明了非正式交流对公共生活的价值。所以，面对难以舍弃的文献，我们可以用分散的形式将其呈现于文章中，这样不仅可以平衡文章内容，还能增强学术感，有时甚至能成为辅助论证的关键话语。

三、尝试与文献"说话"

在学术写作中，如何与所引用的文献进行对话，是作者常常遇到的一个瓶颈问题。有时候文章引用了很多文献，但却淹没了作者自己。也就是说，文献以不恰当的形式占据了过多篇幅，不仅使文章读起来很不顺畅，也让文章失去了作者这个自我——整篇文章没有多少话是作者自己的。这个现象往往是因为我们获得了很多文献，但没有消化它，就迫不及待地去堆积，使文献成为文章的一种沉重的负担。

如何解决这个问题呢？与文献对话是最行之有效的方法。为了降低理解和运用的难度，此处把"对话"改为"说话"。尝试与文献"说话"，是一种特别有用的写作思维，也就是说，文章中每引用一个文献，作为作者的你，都要尝试去"再阐释"它的内涵。这个方法听起来有点抽象，下面用具体的例证来说明。

第一种与文献"说话"的形式是顺着说或者反着说。譬如《"中国"的一年：新闻、阅读与民族-国家在日常的兴起（1894—1895）》这篇文章，开头首先描写了1895年中国读书人对甲午战败的集体性震动，随后引用了陈旭麓先生的话用以对照，显然这是两种相反的情况，所以在引文后面，作者紧跟着的是一句反着说的话：

陈旭麓（1992：154）说："1840 年以来，中国因外患而遭受的每一次失败都产生过体现警悟的先觉者。但他们的周围和身后没有社会意义的群体，他们走得越远就越是孤独。"时移世易，上述三位读书人，所在省份不同，人生际遇差别亦大，虽然谈不上是什么先觉者，却也不再形单影只。

再举一个顺着说的例子。在《路上无风景：城市"移动空间"中的交流》这篇文章中，笔者引用了齐美尔的一段话，用以说明大城市中人们普遍遭遇的感官负荷问题。随后，文章以此为依据，将论述转向了地铁这个特定的"移动空间"：

齐美尔（2002：310）夸张地写道："因为不断地接触难以计数的人，由于麻木不仁，因此恰恰引起相同的效果；在这里对于空间上接近的人的无所谓态度简直就是一种保护机制，没有它，人们在大城市里，在心灵上就会被消耗殆尽和肝胆俱裂。"
齐美尔的解释具有一般适用性，但在具体分析时还需考虑特定环境的影响。

第二种与文献"说话"的方式是同义转换。所谓同义转换，即研究者用自己的话将引文的意涵复述一遍，以增强引文的适切性和重要性。由于很多引文有自身的语境——毕竟它们是外来者，当这些话被放置到文章中时，有时会带来一定的割裂感，这时就需要作者用同义转换的方法对二者加以连接和强化。以《"中国"的一年：新闻、阅读与民族-国家在日常的兴起（1894—1895）》为例，文章在开头处引用了罗志田的话，用于描述近代中国民族主义的普遍状态：

……如罗志田（2011：12）所说："中华民族的认同感早已凝固而无需强化，但对一般中国人来说，这个民族认同感恐怕更多是像章太炎所说的那样潜藏在心中，远未达到'活跃而自觉'的程度。如果不出现大的内忧外患，大约也就会基本维持在潜存的层面。"

这段引文结束了中国民族主义起源于何时的争论。笔者同意这个观点，但是引文离文章要表达的意思还有一点距离。所以在引文后，笔者首先用"换言之"的形式进行了同义转换，然后又提出了自己对中国民族主义问题的认识，为接下来的写作做好铺垫：

换言之，在历史中国的各个时期，民族意识普遍存在，但其被激发出来的条件不同。因此，宋代中国的民族认同和清代中国有着极大的差异，特别是 19 世纪末，清代所面临的是一个全新的世界秩序。

第三种与文献"说话"的方式是延伸表达。所谓延伸表达，就是顺着引文的意思，将其延伸转换到自己文章的语境中。这和上面提到的顺着说有一些类似，但转换的幅度更大。仍以《"中国"的一年：新闻、阅读与民族-国家在日常的兴起（1894—1895）》为例，当文章的主体从"阅读"转换到"交谈"时，笔者引用了塔尔德的话作为理论支撑：

塔尔德（2005：234）说，报纸"改变了个人谈话，既使之丰富多样，又抹平其差异，使人们的谈话在空间上整合、在时间上多样化；即使不读报但和读者交谈的人也会受到影响，也不得不追随他们借用的思想，一支笔足以启动上百万的舌头交谈"。

这句引文的表述非常契合文章的思路，因为笔者在史料中发现，报纸引起的交谈形式和内容与之前其他媒介均有不同，因此这句话给论述带来了很强的支撑。但是塔尔德的书属于社会科学领域，也没有任何的中国历史语境，所以，笔者用"恰如其言"的方式进行了转换和延伸：

恰如其言，在战争与议和期间，读书人的交往世界出现了普遍的变化：从谈诗说文转向议论时事。

以上这几种方式，可以较为顺利地解决和文献"说话"的问题，从而让作者自己也有一定的表达空间。在文章中，文献绝不是孤零零的存在，也不应该是压抑作者表达的障碍。它有时候是一个靶子，需要对比和批评；有时候是一个转向器，需要转折和过渡；有时候是一种含蓄的表述，需要强化和延伸。总之，在写作中，要积极尝试做一个对话者，在引文之后留下自己的思考痕迹。用这种思维写出来的文章会有显著的主体性，即是主体在引用、主体在思考、主体在运用文献塑造文章，而不是相反。

四、多样化形式

关于文献的写作还涉及引文在论文中出现的形式，这是一个比较微小的细节问题。一篇论文往往要征引几十次文献，是不是只能用"某某说"的形式？答案当然是否定的。在写作中，我们可以增加文献出现的形式，使其变得生动。为了集中论述，这里主要用笔者的《路上无风景：城市"移动空间"中的交流》一文中的引文作为案例。

第一种形式就是最常见的"某某说""某某指出"：

城市史专家科特金（Joel Kotkin）（2014：143）指出"18世纪后期，英国率先创立了一种新型的城市—— 主要依靠大规模生产产品"；"19世纪50年代，随处可以见到英国城市新秩序的表征：纵横的铁路大桥、交错的隧道、蔓延的工厂"（149）；"到19世纪后期，大型城市中心几乎出现在每一个大陆上"（167）。

与此相似的表述还有"某某的研究表明""根据某某的观点""某某曾指出"等，这种引述形式最普通也最简洁。如果文献的作者比较著名，文献又是第一次出现，则推荐此种形式。

第二种形式是后置法，也就是文献出现在某个表述之后。一般而言，当文章需要加强论述力度时，常采用这种方法：

如所周知，上下班是最寻常的城市景象，即如德·塞托（Michel de Certeau）（2014：29–30）所说："住处与工作地点之间的联系最常发生在城市空间内，而这种联系因为其时空强制性而引人注意，即要求在最短的时间内跑最远的距离。"

后置形式的引用，其语言表述形式常常是"即如某某所说""恰如某某所描绘的"，可以根据文章需要灵活使用。

第三种形式是增加评价的词语，即作者可以在引用文献时适当增加对引文的简短评价，使其带有作者的思考痕迹：

• Benjamin（1973）对19世纪巴黎的漫游者曾有浪漫描述……

• 芒福德（Lewis Mumford）（2005：520）批评说……

• 丹麦建筑设计学家 Gehl（1987：72）则从正面肯定……

• 这些做法直接回应了法国人类学家 Marc Augé（1995：75）关于立交桥和机场、地铁站等场所都是"虚无场所"（non-place）的批评。

第四种形式是不出现作者名字，直接将引文嵌入文章的叙述之中，而以括注或脚注等形式注明出处。当引文特别重要又必须位于句首时，可以采用这种方式。下面这个例子，就是文章中最重要的一句转折，强调了空间的重要性：

"（与流行观点相反）空间不可能被时间取消"，反而"正被扩大"（Massey，2005：90）。

一些引文直接嵌在文章的叙事中，显得非常自然，如果叙事时加上作者名字反而有些多余：

我们不应忽略这种寻常经验。城市混杂了各种各样的关系类型，"有些亲密无间，有些不为人知，有些持久不衰，有些转瞬即逝"（Latham et al.，2009：156）。

此外，还有一种情况是为了强调引文所在的学术领域，而用领域的名称来代替作者的名字：

环境心理学的相关研究早已表明，"拥挤是一种消极的令人不愉快的状态，它会使人烦躁不安、抑郁消沉"（Bell，Greene，Fisher，& Baum，2005：304）。

综上所述，在学术写作中，文献的来源、分布、配置和呈现的形式，看似是细枝末节的问题，但对一篇论文的影响也可能是巨大的。对于文献，我们除了要扩展阅读视野、提高判断能力、引入更多好文献、用缜密的思维将其编织起来，还应在形式上对其有精心的设计，尤其要加强和文献"说话"的意识，因为这样能够增加主体的思考痕迹，从而减少学术文章因文献密布而普遍带有的压抑感。

第六讲
材料与方法：关于研究过程的叙事

在一篇学术论文中，"材料与方法"似乎是最"柔软"的部分，尤其是质化研究。它是文献综述和经验材料分析之间的一个"间歇"，此刻，不用再过多考虑文献的纵横交织，也暂时不用理会组织材料的逻辑，只要作者将获取材料的过程、方法运用的步骤分别阐明即可。如今，学术研究使用的材料和方法已经大大扩展，从传统的史料，到社会科学的大规模数据或田野调查，以及互联网平台上源源不断生成的新经验，都为学术研究带来了更多的可能性。但是，无论何种形式的材料或方法，都需要交代其来源、获得过程和使用路径。也就是说，文章需要写明作者在材料搜集和方法运用中的位置，所以，叙事性就构成了这部分文字的基本风格。这里选取几类较为常见的材料和方法，来说明叙事是如何展开的。

一、史料与用法

首先讨论的是历史研究中的史料问题。史料是历史叙事的前提，有些史料非常新颖，本身就构成了写作新文章的合法性，在其出场时就要交代其独特价值。有些史料是作者殚精竭虑搜索或寻找到的，那么还要交代这个新材料的基本样貌，供读者了解其概况。这里以操瑞青的《嘉庆至同治年间广东辕门报诸史实考论》一文为例。这篇新闻史文章的研究路径非常清晰，即以新发现的 40 份史料去补充和修正既有研究的结论。那么，交代史料的来源、基本情况就非常关键了！作者分三个步骤对材料做了介绍。

首先是告知读者现有史料的情况及其研究：

> 关于已知的辕门报原件，有两项记载。一是学者潘贤模使用的道光三年（1823）广东辕门报 1 份。据白瑞华（Roswell Sessoms Britton）称，该件现藏法国国家图书馆。潘贤模将这份原件的照片传给国内印刷史学者张秀民，我们能够在张秀民的《中国印刷史》中看到这份辕门报的大致样态和所载内容。二是光绪十年（1884）前后的苏州辕门报 16 份，现藏于中国人民大学新闻学院资料室。这也是目前学界征引最多的史料来源，人们对其所载内容与原件样态均有细致描述。

可以看到，这段话交代了既有史料的数量、馆藏地以及在学术界的运用情况。随后，作者评述了在现有史料支撑下该议题的研究状况。这些评述为新史料的出场做好了铺垫。随即，文章阐述了现有研究的不足，同时引出新史料并论述了文章的研究合法性：

既有研究为观察辕门报提供了多重线索，但不同论述间多有分歧。譬如：辕门报究竟是蜡版印刷还是木活字印刷？"辕门抄"和"辕门报"之间，只是概念表述不同还是有其他实际差异？"省报""省抄"等概念就是指辕门报吗？正因为这类问题学界始终存有争议，笔者试图立足前人成果并扩充新史料，进一步补充、修正学界对清代辕门报的基本认识。新史料集中体现为本文搜集的40份广东《督抚宪辕报》原件，它们直观展现了清代辕门报的物质形态和内容记载。

当最重要的合法性问题被解决后，就可以更加从容地介绍新材料的基本面貌和搜集过程了。因此，文章第二部分，作者详细地描写了新史料的整体情况：

首先介绍笔者搜集到的40份史料原件，尤为必要……40份广东辕门报原件藏于四个不同的地方：1.美国国会图书馆藏有25份原件。2.葡萄牙东波塔档案馆藏有12份。3.德国巴伐利亚州立图书馆藏有1份。上述三地所藏38份原件，均已被相应的馆藏机构公开，但目前未见学界直接使用这批文献。4.叶名琛档案中夹有2份影印图片。原件实物现藏英国国家档案馆，笔者是从国内2010年影印出版的《叶名琛档案》一书中获取的。

这个例子展示的是因发现新史料而引起的新研究。在这类文章中，研究者一般较为重视描述材料的来源、馆藏、样貌及其蕴藏的学术价值。在历史研究中，另一种更常见的情况是，史料并不是陌生的，甚至为许多研究者所共用，但研究者可能采取了不同的解读视角，从而使之产生新的学术价值。这类文章的重点就变成了描述解读的视角以及为何如此解读。

这里以孙江的《文本中的虚构——关于"黎城离卦道事件调查报告"之阅读》为例。从文章题目看，这篇文章是通过对一篇历史调查报告的重新解读而获得灵感的，所以，对材料的解读是非常关键的要素。作者首先介绍了这篇调查报告的来源：

笔者将分析的文本是黎城事件之后不久共产党秘密调查员对该地区的调查报告，报告内容之丰富，迄今还没有一份文献资料和田野调查可与之相比。这份长达数万字的调查报告，是共产党上级组织派出的三人调查团在黎城地区明察暗访得来的。

随后，作者评述了另外两位学者对这份调查报告的运用及其存在的问题，同时告诉读者自己的解读视角和他们有何差异：

对于这份调查报告，曾有两位学者在各自的研究中加以使用。一位是古德曼（David Goodman），他在十多年前的论文中，从阶级、性别和干部等角度考察了黎城暴乱事件。与他不同的是，本文重点分析文本的构成，不仅注意排斥研究方法中的"阶级""性别"之类的概念的影响，还着意别出调查报告制作者的意识形态倾向。在此基础上，笔者将通过对事件的解构和重构，指出文本中的虚构（fiction）问题。另一位学者黄东兰从乡村自身历史的角度，通过对战前和战时村庄的比较，考察了革命和战争对村民的影响以及村民对革命和战争的态度。本文在关于事件背景的描述上将参考她的研究。

再以笔者的《五四运动在乡村：传播、动员与民族主义》一文为例。这篇文章的材料十分寻常，大部分是公开出版物，主要是五四运动回忆录、地方政府编制的档案材料和报刊上的新闻，已经被很多人使用过。但是，当笔者带着乡村视角去阅读时，一方面发现其中有不少内容可以为我所用，另一方面又感觉到其中普遍存在夸大宣传的情况。所以，在史料的解读方面，笔者做了较为细致的说明：

就史料而言，目前出版的五四运动回忆录基本都带着意识形态的痕迹，并且由于是事后追溯，有不少夸大其词的成分，本文多选择其中偏向客观的事实性描述；至于五四时期新兴勃发的报刊媒介，尽管当时中国新闻业已处在职业化的当口，但它们在很大程度上仍遵守"有闻必录"原则，加上受到爱国主义的影响，难免有宣传鼓动的色彩，需要审慎地分析。相较而言，日记可能是更好的史料，具有"此时此地"的意义，但可惜的是，几乎没有乡民对此留下过片言只语，只能依靠一些传统读书人或青年知识分子的旁观记录，瞥见些许乡村五四的侧影。

在偏向历史类的研究中，有些文章是由个案组成的，于是就会出现另一种问题，即史料的选择问题。譬如在《"中国"的一年：新闻、阅读与民族－国家在日常的兴起（1894—1895）》中，笔者在讨论甲午战败导致的全国性震动时，选取了五位读书人的日记作为分析对象，他们分别是翁同龢、蔡元培、皮锡瑞、张棡和刘大鹏，那么，为什么是这五个人？他们能够代表全国范围的读书人吗？对于人物的选择，同样要做出清晰的说明。

这里主要考虑了两个因素。首先是材料的可得性和可分析性。这五位读书人的日记均已公开出版，并在1895年前后都有关于甲午战争的记录，解决了可得性和可分析性的问题。其次，这五人最好来自不同地域或社会层级有所差异，因为这样才可能涵盖读书人的一般性情况。所以在介绍材料的选择时，笔者对每个人都做了一些限定，意在彼此区别：

- 第一位是处于权力中心、时任军机大臣的翁同龢；
- 第二位是同在京师、刚入职翰林院的蔡元培；
- 第三位是来自湖南长沙、饱读诗书的举人，因科举挫折，长期在江西南昌坐馆教书的皮锡瑞；
- 第四位是浙江温州的举人张棡；
- 第五位是来自山西的秀才刘大鹏。

不仅如此，笔者在文章中还多次通过权力、地域、身份等要素的差异来说明他们获取新闻的差异，譬如：

- 在上层政治中，消息的扩散主要由电报这个新技术组织起来。
- 大部分官场之外的读书人，更多是从新闻纸获取消息。
- 对刘大鹏来说，在战争发生时，他的阅读世界还没有出现新式印刷媒体，了解外部消息依靠的是不太稳定和不甚准确的口头网络。
- 由此，电报、新闻纸和口头网络，构成了当时社会传播的物质基础，这三个网络在横向结构上，分别连接了上层官员、普通读书人和社会大众等不同身份的人群。人们所倚仗的网络资源不同，造成信息获取的时间和丰富程度的差异。

学术研究总是在有限的材料中展开的活动，无法穷尽。这篇文章详细交代了五个读书人的身份，强化了他们的差异，就是想让读者知晓不同的读书人所在的社会情境。五个人的日记所展现的生活片段，能否对理解当时的社会情境有所助益呢？相信读者们会有自己的判断，而作者能做的就是将选择的标准和思维的过程真实描述出来。

二、抽样与问卷

抽样和问卷是获得数据或材料最常见的两种方法，几乎所有的方法类课程和图书都会讲授其实施原理。在很多研究者身上，这两种方法的操作过程似乎已经内化。但是，在写作的层面上，仍然要将行动的过程、思考的路径呈现出来，方便读者理解。

首先以周葆华的《内外之间的关联政治：中国电视国际新闻研究——以 CCTV〈新闻联播〉为例》为例。这篇文章的经验材料来自《新闻联播》上的国际新闻报道，数据是由研究者及其助理手工搜集的。这是一种相对传统但也很可靠的方法，特别是当数据量不是很大时，不仅搜集的过程可靠，还会给研究者带来很多灵感。在文章的研究方法部分，作者不厌其烦地交代了抽样的过程：

本研究的资料来自一项大型国际电视新闻比较研究的中国部分，分析对象为中央电视台《新闻联播》节目。按照协作研究的安排，共在 2008 年 1—4 月抽取出四周的内容（分别为 1 月 20—26 日、2 月 10—16 日、3 月 2—8 日，以及 3 月 23—29 日），总共获取 28 期节目，840 分钟，784 条新闻（日均 28 条）。复旦大学新闻学院的两名硕士研究生，在本文作者培训和多次试编码的基础上，根据跨国合作统一的编码表对每条新闻进行编码，在本文所分析的变数中，使用 Cohen's Kappa 计算所得的交互信度（k）均在 .85 以上。

这段话描述了数据搜集的对象、抽样时间、抽样者、总数量、编码标准和信度等要素，让读者可以想象出这个过程。事实上，无论是质化还是量化，数据的来源和过程都是必须交代的，所以再次强调，这部分的写作是一种偏向过程性的叙事。接下来则是数据的处理部分，作者更加翔实地介绍了文章的多个"变量"，以便进一步将数据操作的过程公开。这里仅列举前三个：

国内新闻与国际新闻的数量：根据新闻发生地是国内还是国外，《新闻联播》的所有新闻被编码为两大类——国内新闻与国际新闻。其中国内新闻又根据是否牵涉到外国，而分为"纯粹"的国内新闻与包含外国参与的国内新闻（如外宾来访、在中国举行的国际会议等）；同理，国际新闻根据是否牵涉中国，又分为"纯粹"的国际新闻与包含中国参与的国际新闻。在检验 H3 和 H4[①] 时，将包含外国参与的国内新闻和包含中国参与的国际新闻合并组成"中外关系新闻"。

时间：按秒为单位记录每条新闻持续的时间。

位置：处于每天《新闻联播》第一条的新闻，和处于国际新闻板块第一条的新闻被特别记录。由于《新闻联播》在国内新闻与国际新闻之间采用音乐间隔，所以很容易编码。

这篇文章涉及的其余变量还有新闻主题、新闻人物、冲突、暴力、西方发达资本主义国家等，限于篇幅，这里不再一一引用。文章对变量操作化的细致介绍，好像是带着读者进入研究的现场。在

---

① 指文章前面提到的第 3 个和第 4 个研究假设。

这些变量介绍完之后，作者再次描写了样本的总体情况：

在检验假设之前，由于本研究是对中国加入 WTO 后电视国际新闻少见的系统内容分析，故首先简要报告一下基本资料。研究发现：在抽样分析的四周内，《新闻联播》共报导国内新闻 569 条（其中纯国内新闻 508 条，占绝对多数；包含外国参与的国内新闻 61 条），国际新闻 215 条（其中纯国际新闻 163 条，包含中国参与的国际新闻 52 条）。不含中国，国际新闻共报导了 56 个国家或地区，其中前十个国家的报导量占国际新闻总数的 56.3%，它们依次是美国、日本、希腊、英国、俄罗斯、比利时、巴基斯坦、瑞士、德国和伊拉克。国际新闻的主题集中在国际政治、国内秩序、国内政治、体育和经济五大领域。

另一种获取数据的常见方法是问卷调查。过去，问卷调查常常依靠面对面的交流，由被访者当面完成，再由研究者录入电脑进行数据分析。随着专业调查公司的出现，以及互联网问卷调查的兴起，越来越多的论文开始使用第三方的线上调查问卷，这是近年来一个显著的变化。此处以潘文静、孙纪开、方洁的《食品安全虚假信息的接触和接受：感知威胁的中介作用和健康信息素养的调节作用》[①]为例。这篇文章研究的是食品安全虚假信息的接受及其传播机制。文章在方法部分首先介绍了问卷调查实施的流程：

本研究由来自中国人民大学的研究人员与腾讯新闻 App 合作完成。全球领先的数据统计平台 Statista 于 2022 年 2 月发布的报告

---

① 潘文静、孙纪开、方洁：《食品安全虚假信息的接触和接受：感知威胁的中介作用和健康信息素养的调节作用》，《国际新闻界》2022 年第 10 期。

显示（Statista，2022b），腾讯新闻2021年12月活跃用户人数为300.91万，仅次于排名第一的今日头条（332.59万），领先于排名第三的新浪新闻（144.20万）。调查问卷由研究人员设计完成，通过腾讯新闻App内消息推送的方式随机发送到腾讯新闻App用户，用户自愿参与，完成在线问卷的收集和填写。

　　问卷调查过程中，参与者首先阅读关于问卷调查的目的与收集方式的介绍，随后被问询10条关于食品安全虚假信息的接触与接受程度的问题。之后，参与者被问询关于食品安全问题的感知威胁以及健康信息素养。最后，参与者被要求自我报告性别、年龄、受教育程度等人口统计学特征。

　　这段文字介绍了问卷平台特征、发放方式、参与者的行为等信息，是比较标准化的问卷描写过程。然后，作者又介绍了问卷的调查过程：介绍调查目的、询问调查问题、搜集受众的社会学特征。接下来就是交代问卷设计的信度测量。这篇文章涉及四个变量，分别是食品安全虚假信息接触、食品安全虚假信息接受、感知威胁和健康信息素养。这里仅引用"感知威胁"为例：

　　参与者对食品安全问题感知到的威胁这一变量，通过参考既有量表（Greenhill & Oppenheim，2017），同时结合本研究的特征，一共设计三道题目，包括"你如何评价你所处的食品安全环境"（非常不安全 =1；非常安全 =5），"你在多大程度上同意或者不同意以下说法：我经常会因为食品安全问题而焦虑"（非常不赞同 =1；非常赞同 =5）和"你认为在未来一年中你遭遇食品安全问题的概率有多大"（非常小 =1；非常大 =5）。三道题目的测量呈现了良好的信度（Cronbach's α = .72）。

由上面两个例子可知，作为研究方法的抽样和问卷，虽然是比较常见的，也是读者易于理解的方法，但是对于论文的写作而言，仍然要细致描述其过程，以便让读者判断数据来源的合理性。

三、文本与边界

在偏向质化的社会科学研究中，文本是另一类经常需要处理的材料，并且在互联网时代变得更加普遍。但文本不会主动地呈现，而是需要研究者带着特定的问题去搜寻。搜寻就存在着边界问题，其过程好像是拿着手电筒在黑夜中赶路，在无边无际之中，我们只能描述光圈界限内的故事。

以李红涛的《"点燃理想的日子"——新闻界怀旧中的"黄金时代"神话》为例。这篇文章的材料主要是新闻话语，涉及不同的叙事主体、媒体机构和叙事场景，材料非常零散，需要研究者设定好主题和类别，才能做到既广泛覆盖，同时又能够有一定的边界。在研究中，作者是这样设计的：

在经验材料与分析策略方面，作者在本研究中无意于、也不可能穷尽所有的怀旧叙事，但希望能够覆盖其基本面向。本文的经验分析建立在多个案比较的基础之上，围绕不同叙事主体、媒体机构或行业以及叙事场景展开。经验材料的搜集和分析集中于过去十年，力图展现黄金时代叙事的基本面貌和其间的变动线索，并将之放在中国新闻业发展30年的轨迹当中加以审视。经验材料主要涵盖五个方面：（一）名流纪念叙事，即著名新闻人退休或辞世时的纪念文章；（二）离职叙事，即个体离职时的各式告白及相关报道/评论；（三）组织纪念日的纪念活动和文本；（四）媒体"丑闻"引发的报道和评论；（五）新闻业的一般性分析，包括年度回顾、媒体趋势、新旧媒体格局的评论等。

这个例子中，作者首先阐述了搜集文本时的真实想法——无法穷尽但希望基本覆盖，然后将材料划定为五类，最终获得了80个分析文本。尽管文章搜集和分析的资料数量庞大，来源驳杂，但是材料还算清晰可辨，因为大部分文本都是有名有姓的记者所写。

相对而言，在互联网兴起以后，很多文本材料来源于网络搜索，不仅漫无边界，作者的背景资料往往也无从知晓。面对这种情况，文本的搜集过程必须有更为清晰的过程性展示，读者才能去判断材料是否覆盖到经验以及覆盖到何种程度。以吴世文、杨国斌的《追忆消逝的网站：互联网记忆、媒介传记与网站历史》[1]为例。这篇文章的研究问题是网友对已经消失了的网站的怀念，分析材料是互联网空间的种种个人话语。可以想象，文本必定是散乱不堪的，也无法定位到群体。所以，文章只能先设定主题和界限，然后以广泛撒网的方式去寻找材料：

本文收集资料的方法与过程如下。第一，基于前期研究和在百度与谷歌中搜索"消失/消逝的网站"的结果，列出消逝的网站的初步名录。第二，在 2016 年 5 月 9 日至 13 日集中检索资料，使用关键词"回忆/记忆/怀念/悼念/纪念/想念＋网站名称"于百度、谷歌、新浪微博、天涯论坛、百度贴吧、豆瓣小组中分别检索。第三，循着已找到的线索，采用滚雪球方法补充检索。第四，补充收

---

[1] 吴世文、杨国斌：《追忆消逝的网站：互联网记忆、媒介传记与网站历史》，《国际新闻界》2018 年第 4 期。

集媒体报道和网络专题，求证有争议的资料的真伪。第五，删除主题不明确或表达不清晰的资料。本文最终获得成篇的记忆文章133篇，不成篇章的文字120节（包括关闭公告与讣告23篇/节），共提及网站277个。

这段话描写了材料搜索过程中的五个步骤，作者将如何选定网站名录、在哪里检索、如何追踪增补、如何求证又如何删除的过程做了非常细致的展现。在此基础上，作者还对这些文本资料进行了评述，一方面交代用这种方式获得的材料可能存在的偏向问题，另一方面论证了其足够支撑研究展开的原因：

上述资料收集方法所得，偏重有影响的网站和使用关键词搜索易于获得的回忆文章，小型网站容易遗漏。不过，这不会影响本文的分析。一方面，网友对网站的记忆散落在网络空间，无法穷尽，而且有些已经丢失，无法全部获得（Ben-David，2016）。另一方面，本文无意揭示所有消逝的网站的历史，而是从我们所关注的理论问题出发，分析探讨关于消逝的网站的记忆叙事，如何形成新的媒介，又呈现出哪些内容。从这个角度来看，我们收集到的样本，为我们的分析提供了较为充足的资料来源。

随着生成经验材料的平台增加，学术研究采用的材料形式也愈发丰富。譬如，社交媒体正在成为文本材料的重要来源，因为很多富有意义的生活已经搬到了这个空间，人类生活的新经验正在其中涌现。这带来了源源不断的研究现象，但也导致文本的获取更加难以设定边界。这就需要研究者聚焦研究主题，准确锁定平台。

以普非拉、林升栋的《"桃花源"与"伊甸园"：李子柒视频的跨文化解读》为例。这篇文章的经验材料是李子柒视频及其网络评论，完全从社交媒体上获得。这些视频与网络评论多且分散，有不少冗余信息。两位作者分多个步骤框定了材料的界限。

首先是选择平台，需要从中文和英文社交媒体中各选一个：

本文选择李子柒视频的中英文热门网络评论作为研究对象。选取的中文评论样本来自微博（https://weibo.com/u/2970452952），英文评论样本来自YouTube（https://www.youtube.com/c/cnliziqi）。选择这两个平台作为样本来源综合考虑了李子柒在该平台的关注数、播放量、评论数等情况。……虽然李子柒在微博的关注数不及抖音，但微博在评论数量和品质上有明显优势，且视频更为完整；YouTube是李子柒在海外的最主要视频发布管道，各项资料均超过其他海外平台。

随后是选定可供分析的视频数量：

截至2019年10月8日，@李子柒Liziqi在YouTube平台共发布91条视频，@李子柒在微博平台共发布133条视频，其中完全重合视频共92对。

最后是确定网络评论的分析范围：

本文以92对视频为样本，微博选择"按热度"评论排序方式，YouTube选择"Top comments"评论排序方式，分别使用爬虫工具抓取所有点赞数不少于1的评论，收集时间为2019年10月8日至10月9日。共获得微博评论26251条，YouTube评论18582条。由于 YouTube 不标示评论用户的所在地区，本研究按照评论用户名是否出现汉字等非英文字元、评论内容是否英文以及英文表达是否流畅三条规则对所获得的 YouTube 评论进行逐一筛选。剔除非英文评论和非欧美用户评论后，获得 YouTube 评论 11639 条。

上述三个例子分别展现了传统文本、网站以及社交媒体时代文本的搜集过程和话语表述。当下，除了历史研究以外，其他许多研究的材料已转移到线上平台了，所以，如何在海量信息中找到研究所适切的文本，成为材料搜寻的重要问题。面对这种情境，我们要注意设定好搜索的主题，不断尝试和验证，确保经验材料来源广泛而又有清晰的边界；同时，在写作中要将搜索方法和边界确立的过程描述清楚，由读者去判断研究过程的合理性。

四、观察与访谈

在质化研究中，参与式观察和深度访谈一直是比较流行的研究方法。在实体空间为主的时代，田野、社区、组织等一直是研究者观察的对象，访谈者和被访者也主要是面对面接触。但是，在互联网兴起后，在新环境下展开的学术研究，其方法也由线下转到了线上。由此，越来越多的论文采用的观察和访谈方法，就拥有了新的情境，那么对材料和方法的描述也都有所不同了。

首先以刘畅之的《与父权"游戏"》为例。这篇文章的研究对象是实体空间中的活动，因此仍要以实地的田野调查方式搜集材料。作者先是交代了田野调查的时间、地点和主要内容：

本文主要采用质性研究方法。研究从 2016 年底开始正式对南京和上海地区的多个金属乐现场进行参与式观察并撰写田野笔记，主要场馆包括南京 OLA Livehouse 以及上海 MAO Livehouse、梅赛德斯-奔驰文化中心，观察内容主要包括以女性为重点对象的乐迷之外形风格、空间站位、现场的参与和交流等显见活动，亦包括男女比例，等等。此外，对于现场惯例和状况的描述还将结合我过往参与其他金属乐现场的经验。

文章要解决的是听金属乐和身份认同的问题，仅有外在的参与式观察显然是不够的。因此，作者还需要将视线从个体转移到群体、从外在信息上升到内在经验。所以，在完成田野调查后，作者补充了深度访谈这个方法。不过这个方法展开的场景就是线上了：

除田野观察外，研究还于 2017 年年初分别与十位女性乐迷进行了一对一的深度访谈。由于女性金属乐迷在现实中的分散和零星，受访者主要为通过百度贴吧、豆瓣、网易云音乐及新浪微博等具社交功能的平台所征求到的。受访者年龄最小为 16 岁，最大为 29 岁；学历从高中至大学专科、本科皆有涉及；地区分布在中国各省份或直辖市；金属乐聆听史最短两年，最长十一年。所有访谈皆在线上进行，根据受访者方便之通信方式，访谈工具为 QQ、微信、微博和电子邮件，获取资料皆为文字。

在上述两个研究过程被描述出来之后，作者接着以列表的形式展现了所有受访者的社会学特征资料，以及半结构访谈的提纲，这些内容构成了较为典型的研究方法的书写。

再以王艳的《移动连接与"可携带社群"："老漂族"的微信使

用及其社会关系再嵌入》为例。这篇文章研究的问题是老年人的微信使用，所以作者需要进入研究对象所在的微信群中，才能获得实时的经验材料；同时，作者还对部分老人进行了线下的深度访谈。在方法部分，作者首先详细描写了自己是如何进入老年人的微信群之中的：

> 具体来说，首先是通过一位熟识的阿姨 1 号受访者的拉入，笔者加入了以"老漂族"人员为主的 A 社区和 B 社区两个广场舞微信群（以下简称 A 群和 B 群），两个群的成员都是通过线下的广场舞团体组织、聚集到群里来的。两个群的成员有部分重复，除了笔者，总共有 75 位成员，他们目前都在武汉光谷地区随子女生活。

接着，作者又呈现了自己获取线上经验材料的过程，并且告知读者自己在微信群中的姿态：

> 自 2017 年 9 月笔者展开了半年多的线上观察，随时随地观察他们在互联网空间里的交往情况，收集整理两个微信群的聊天记录和部分成员在微信朋友圈的书写内容，获得了丰富的文本资料。为尽量保证所获取资料的自然状态，在平时的线上观察中，绝大部分时间里笔者在群组里都保持"暗中观察"的"潜水"状态，对成员们之间的讨论不介入……

最后，作者进一步介绍了访谈对象的来源、选择以及访谈过程：

> 遇到与本研究有关的重要发言时，笔者一般会发起一对一私聊以便进一步确证、了解情况，或者约定进行线下的面访。最后对五

位成员进行了线上的单独深入访谈，对其中三位成员还进行了多次的线下面访，每次访谈时间在半小时到 1 小时 30 分钟之间。

上述几个案例的材料均涉及线上和线下空间。但是随着社交媒体的发展，人类的经验更多地在虚拟世界涌现。所以，在实体空间进行田野调查的文章变少了，特别是年轻一代的研究者，更多地采用了网络民族志研究方法，或也可称之为线上参与式观察；有的作者还以自己在社交平台的体验为出发点，衍生出"自我追踪"的方法——作者本人既是体验者，也是研究者。

以曹璞、方惠的《"专注的养成"：量化自我与时间的媒介化管理实践》为例，这篇文章的研究问题是青年人如何使用时间管理App来进行时间规划及其对自我的影响。这个日常现象并不太容易留下文字痕迹，所以作者主要借助深度访谈获得材料：

研究采用了深度访谈为主、参与式观察为辅的质性研究方法。访谈部分将研究对象框定为大学生群体。基于便利抽样的原则，研究者于 2020 年 6 月至 2021 年 8 月，采用公开招募和滚雪球的方式，对在新冠疫情前后有过时间管理 App 使用经验的在校大学生（年龄在 16—22 岁不等，女性 12 人，男性 4 人）进行了半结构化深度访谈，每次访谈时间在半个小时至两个小时之间。为了收集动态性资料，研究设置了历时性的访谈问题，邀请被访者回顾并讲述使用前的动机、初期的使用经历及感受，以及使用中后期的变化。

但是，要注意的是，在这一类研究中，单一的材料来源往往不足以支撑讨论，因此深度访谈和参与式观察常常绑定在一起——

一个作为主观材料，一个作为客观材料。所以，文章继续交代了参与式观察的实施：

参与式观察部分包括在 forest 官方交流群的非介入式观察和在时间管理 App 中的"漫游"（walkthrough）（Light，Burgess & Duguay，2018）。自 2020 年 2 月，研究者以深度用户的身份在知名时间管理软件 forest 的官方交流群中进行了为期一年多的参与式观察，较为全面地了解了这款软件的社群运营及其与 App 使用者之间的互动。

非常有意思的是，这类选题本就来源于研究者自身的体验，因此有时还会将自我经验纳入研究当中：

同时，研究者本人也是时间管理软件 forest 的深度用户，两位研究者从 2017 年 1 月开始使用至研究开展之时累积使用时长达 2794 个小时，因此材料的收集过程也包含了研究者本人的自我观照。

总结一下，上述几篇文章采用的方法均是参与式观察和深度访谈相结合，主要描写的要素有如何进入现场、以何种姿态观察、如何获取经验材料、怎样寻找访谈者等。在这些过程叙述清楚后，多半会有受访者的基本资料以及半结构的访谈提纲。这样一个比较规范的材料与方法部分就写完了。

最后需要说明的是，学术写作使用的材料多样，方法繁复。本讲主要以历史分析中的史料、抽样和问卷、文本分析、参与式观察和深度访谈这四个类别为例，说明了材料与方法部分写作的基本原则，即客观地展现研究者在材料获取中的位置和方法实施中的思维，由此让读者思考材料和路径合理与否。还有一点，随着互联网和社交媒体的广泛使用，"线上"逐渐成为日常生活的主要场所，对不断涌现出来的新材料以及新方法，我们应该给予充分重视，但同时要有所警惕。事实上，线上和线下的关系不能也不应该割裂，正如王艳在《移动连接与"可携带社群"："老漂族"的微信使用及其社会关系再嵌入》这篇文章中所说："本研究在执行中将线上观察和线下的半结构访谈相结合，两方面的内容注意相互验证和校正，将他们线上的发帖、交流行为放置在其生命经验和生活脉络之中进行理解和阐释。"唯有如此，研究者才能捕捉到相对完整的生活经验，也更接近理解人类的行动。

第七讲
经验材料的组织：寻找逻辑

在"材料与方法"这个"间歇"之后，写作就马不停蹄地来到了篇幅最大的"经验分析"部分，也就是文章的主体段落。经验分析的主要任务是将散乱的材料以一定的逻辑组织起来，使之呈现出新的意义，并为后续的理论对话做好准备。对经验材料的组织并不是此刻才开始思考的，它在文章构思的初期就处在作者的考虑之中了。前文曾指出，在缘起与问题、文献综述两部分，均要提出有暗示主体结构作用的系列性问题，虽然那时还没有对材料展开具体分析，但是凭借朦胧的感知和对材料的初步了解，大致可以把握文章的主体脉络。事实上，在学术研究开始前，作者都应对文章的章节展开设计和想象。如果能够在逻辑上走得通，再与后续搜集来的经验材料彼此对照，或调整，或强化，那么，对经验材料的组织就会非常顺利。

对于文章的主体，我们面对的首要问题是用什么样的逻辑将散乱的材料编织起来。对于一篇学术论文来说，这是非常关键的。因为，有了合理的逻辑，就好比找到了"线头"，材料再散乱，也可以将其一一串联起来，组织成一个顺畅的整体。那么，组织经验材料的逻辑有哪几种形式呢？

一、时间与空间

时间和空间是人们定位事物的基本坐标，所以它们天然地构成一种认知逻辑。相对而言，以时间为逻辑线索的材料组织形式在学术写作中更为常见，不仅是历史研究的主要组织形式，也常常用于话语和社会变迁等研究之中。

因为人们习惯于线性思维，所以时间似乎有一种不证自明的力量，以其为线索，可使论文变得流畅。但是，时间也因其容易被捕捉，常常被不恰当地运用，主要表现是研究者会将政治时间机械地等同于研究对象的内在时间。以新闻传播学为例，在 2019 年中华人民共和国成立 70 周年之际，有一批回顾性的文章被生产出来。这些文章的主题不同，但是所选的时间节点却惊人地相似，基本都是"1949—1966""1966—1978""1978—2012""2013—现在"的模式，显然这不是巧合，而是政治时间被套用在研究对象上的必然结果。虽然新闻传播活动和政治的关联很紧密，但是两者绝不至于完全重合。

让我们从正面来阐释这个问题。实际上，真正合理的时间逻辑隐藏在研究对象的内部，它不一定和政治时间步调一致，所以，作为研究者，要真正地深入到材料中去，用其本身呈现的时间节点作为组织的逻辑。此处以笔者的《伟大的情感：近代报刊的"祖国"话语与意义争夺（1902—1927）》为例。这篇文章描写的是"祖国"概念的意义确立和意义受到争夺的历史，笔者在材料中发现的时间节点如下。

首先是作为政治认同的"祖国"，即"祖国"的现代意义被确立的时间点。通过追溯，笔者发现在古典意义上，"祖国"要么指祖先居住的地方，要么指文化意义上的发源地，和现代人指称国家时带有的高度情感色彩有所不同。而这种政治情感的起源时间是1902年，相关论述主要集中于梁启超的《新民丛报》，于是笔者通过史料分析确立起第一个时间节点：

经过报刊尤其是《新民丛报》的集中表述，从1902年开始，"祖国"的意义就从"祖先居住的地方"或"文明发源之国"，变成了清末人士在新世界秩序下塑造国家认同的最具情感色彩的词，并且这种论述因为契合近代中国的历史使命而迅速成为词语的主导意义。

"祖国"作为"政治爱"的现代意义出现后，一直比较稳定，至今没有太大的变化。但是在近代社会的变迁时刻，有很多不同的力量尝试重新划定"祖国"一词的边界，由此展开对"祖国"意义的争夺。从史料中看，第一种争夺的力量来自清末的立宪派和革命派，于是文章拥有了第二个时间节点——1903年：

与近代诸多的政治词语一样，"祖国"的边界从1903年开始就面临着重新界定，这是革命思潮兴起后不同政治力量争夺话语主导权的结果。立宪派和革命派的分歧非常清晰，即是否应将清政府从"祖国"的内涵中驱除出去。

如果遵从政治时间，那么，文章接下来的时间节点很可能是辛亥革命爆发的1911年了。然而，在政治鼎革之际，关于"祖国"的意义争夺并未出现。事实上，变化直到第一次世界大战后才发生：

在一次世界大战到五四时期，世界主义和民族主义在中国的思想界互相缠绕，当建立在单一国家基础上的"祖国"之爱，可以扩展到"世界"这个共同祖国之时，两者的关系就不那么紧张，这反映了世界主义的温和一面；但是我们亦可清晰地看到，偏狭的爱国主义自始至终是不受欢迎的。

文章的最后一个时间节点，由马克思主义和资本主义在思想界的论战形成，时间大约在1920年以后：

作为世界主义学说的一脉，1920年前后在中国逐渐兴盛的马克思主义，却对资本主义发起了激烈的论战，使"祖国"话语中增加了"阶级"意涵，并从思想界走出而具有了社会现实意义。

至此可以看到，将这篇文章的材料组织起来的时间，并不是惯常意义上的政治时间，而是循着该词语内在意义的确立和对其边界的争夺而设定的"内在时间"，和研究对象的发展情况相吻合。如果一味地套用政治时间，研究对象的内在特殊性就被掩盖了，时间的逻辑也就难以成立。

还有一类涉及社会变迁的文章，试图从长时段出发，通过研究对象的变化揭示社会结构的变迁，这也涉及时间节点的问题。以闫岩、王冠宇的《共同体的凝聚、分化和退场：建国以来官方救灾话语的共现结构之演变（1949—2017）》①为例。这篇文章以新华社多媒体数据库为材料来源，讨论了新中国成立以来官方救灾话语的演变，其时间节点是按照事故、救灾者、受难者的具体呈现方式和相互关系设定的：

（一）20世纪50年代到20世纪80年代：以事故为纽带的"救援者—受难者"并峙式共同体；

（二）20世纪90年代：事故退场后的"救援者—受难者"单向救赎式共同体；

（三）2000—2005年：共同体的分化和受难者的孤悬；

（四）2005年至今（指2017年）：事故报道的程序规训和受难者的退场。

上面两个例证说明，时间是组织经验材料最自然的逻辑之一，因为线性的时间符合我们每个人的认知习惯。有了时间这个"靠山"，就不需要再另外去寻找复杂的依据。但是时间节点的设定不是随意的，尤其不能直接等同于政治时间。研究对象自身呈现出来的内在时间，才能算作是合理的逻辑。

需要说明的是，时间不只有客观时间这一个维度，还有另外的表达方式。以李红涛的《"点燃理想的日子"——新闻界怀旧中的"黄金时代"神话》为例。这篇文章在讨论新闻社群关于"黄金时代"的集体叙事时，组织材料的逻辑是过去、现在和未来：

• 首先，面向"过去"，与以往由机构主导的历史书写不同，

---

① 闫岩、王冠宇：《共同体的凝聚、分化和退场：建国以来官方救灾话语的共现结构之演变（1949—2017）》，《新闻与传播研究》2018年第10期。

怀旧叙事更多反映了新闻人个体和民间的视角。

• 其次，面向"现在"，各种话语契机下的怀旧为新闻人提供了介入当下的独特角度和相对安全的批评策略。

• 相比之下，黄金时代对"未来"的意义则显得暧昧、矛盾或存在分化，它更多取决于对其内涵和遗产的阐发，也取决于言说者的世代归属以及新闻场域中的位置。

过去、现在和未来，这一基于时间感的划分方法很像一个符合人类认知的"转场"，阐释了黄金时代的话语意义。

时间之外，还有空间。但对于空间而言，它很难像数字时间一样形成容易理解的编年秩序，因此，用空间逻辑来组织材料的文章不太多见，除非是东、西、南、北依次列举，或者有特定的地理意义——如中国的东部、中部和西部等。笔者还未发表的《近代中国的报刊"联动"——基于1905年抵制美货运动的考察》一文，在描写全国报刊纷纷跟进上海《时报》和《申报》对抵制美货运动的报道时，采用了最简单的方向转换：

• 首先是上海与周边省份报刊的跟进。

• 南方的广东和福建是抵制运动的另外一个强中心，因为这两省旅美华人众多。

• 北方曾经是风气晚开之地，缺乏报刊生长的土壤。不过此种情况到1905年已大为改善，1905年，北京已有新旧报刊15种，天津有5种。其中《京话日报》和《大公报》是北方抵制运动的舆论中心。

• 中西部地区的很多报刊也都给予了支持。

空间的转换还有更复杂的情况，因为空间有时候代表着一种文化类型和社会现实。譬如上面提到的中国东部、中部和西部这种形式，如果要去比较中国的村庄，那么在东、中、西部各选一个村落，分别叙述，相信是大部分中国人都可以理解的逻辑。还有的研究是根据研究对象的踪迹来进行空间转换的。以笔者的《林则徐去广州：19世纪中国"传播网络"的一个片段》[①]为例。这篇文章的主体部分需要描述林则徐由京城到广州的旅途中的交往，于是用华北、长江中游和岭南三个地理空间单位，将材料组织起来。为什么这样做呢？一是根据林则徐由北到南的行程，这三个区域的地理风貌本就不同；二是根据施坚雅（G. William Skinner）的区域理论[②]，明清时代中华帝国的分析单位不应是整体，而应从几大区域入手。文章这样解释道：

施坚雅（Skinner，2000：247）指出，中华帝国辽阔的地理版图可以划分为九个大区。林则徐从北京到广州的行走，穿越华北、长江中游和岭南三个大区。其中，华北平原以陆路为主，长江中游水路发达，岭南则依山临海。三者的地理环境差异较大，社会生活各有侧重，是反映传播网络日常运作的理想路线。在林则徐行走的道路上，形形色色的人、物品和信息也在流动，构成了晚清社会的日常生活。

此外，空间秩序不仅是地理意义上的，还可以用于表征社会阶层。譬如，用上、中、下的逻辑去理解社会中不同位置人物的处

---

① 卞冬磊：《林则徐去广州：19世纪中国"传播网络"的一个片段》，《国际新闻界》2018年第11期。

② 施坚雅主编：《中华帝国晚期的城市》，叶光庭等译，中华书局，2000。

境。在笔者的《五四运动在乡村：传播、动员与民族主义》这篇文章中，描写五四运动的消息由上往下逐渐渗透时，就采用了分层的逻辑：

> 五四运动迅速成为一个全国性现象，离不开一个由团体组织、大众传媒和人际流动等要素构成的多层次传播网络：第一层是北京学生运动的消息传播到全国主要城市，引起各省的普遍响应；第二层是各省地方城市将运动扩散到普通县城，使之深入到地方社会；第三层则主要通过人际流动，将运动从县城带进乡村，从而触及向来对政治毫不关心的乡民。

由此可以看出，以空间为逻辑线索去组织材料，主要有实体和表征两个方面：一是根据人们的认知，在地理意义上进行转场，从而实现组织；一是根据研究对象内部的层级，在不同层次之间转场，从而实现组织。相对而言，空间逻辑较时间逻辑似乎复杂一些，但仍然容易理解，也能够比较顺畅地将材料组织起来，因为时空是人们从小就学习的、内在于心的认知秩序。

二、事件的发展

组织经验材料的第二种逻辑是事件的发展。和时间类似，人们比较习惯于认识线性的事物，所以喜欢将事件分为开头、发展、高潮和尾声。这样的组织逻辑常出现在以事件为对象的研究中。

以笔者未发表的《近代中国的报刊"联动"——基于1905年抵制美货运动的考察》为例。这篇文章讨论的是在1905年的抵制美货运动中全国报纸的集体行动问题，这是一个较为典型的围绕事件所展开的历史叙述，主要任务是要把当时报刊联合行动的机制写出来。在行文中，笔者根据史料所见，先将报纸的联合报道看作是一场"合唱"，随即按照合唱的流程确立了四个主体段落："一、起头：《时报》《申报》的领唱""二、响应：报刊的纷起""三、合声：参与抵制、设立专栏、转载和支援""四、变奏：全国视野和地方故事"。在对各个阶段分别进行描述之后，文章对整个事件进行了总结：

> 研究发现，在初始阶段，上海《时报》《申报》以基本一致的步调，共同为合唱起头。一周后，全国报刊陆续跟进，扩展了运动传播的范围，"一些观念、实践和资源得以四处流动，由此影响这些因素的来源地及其传播目的地提出的要求。这些新的观念、实践和资源常常会使不同地点间的相互协作变得方便"（蒂利、塔罗，2010：39）。在持续阶段，报刊通过参与抵制、设置专栏、相互转载和定点支援等方式，持续增强了运动的声音。此外，《时报》《申报》《大公报》等报刊主要提供全国视野，更多的报刊则偏向地方动员，这一变奏使得运动深入到地方社会。

事件的发展逻辑和时间逻辑一样，有时候也是直观呈现的，但是学术研究中单纯就事论事的文章很少。很多研究对象脱离了具体的事件，带有一种不容易抓住的抽象特点，这时就要善于运用事件化和过程化思维。我们曾在第一讲介绍过这个方法，这里再细致讨论一下。

所谓事件化和过程化，就是先将研究对象转化为一个行动或一件事情，然后将事件分解，以其不同的发展过程作为经验分析的逻辑。

以刘畅之的《与父权"游戏"》为例。这篇文章较为典型地运用了事件化和过程化思维。在文章的经验分析部分，作者将听金属乐的实践与影响理解为一个环环相扣的过程——进入现场、聆听与自我认同。那么，第一个阶段就是听之前的"进入现场"，文章从"空间和站位""外形和风格""身体与交流"三个层面，将田野中获得的材料组织起来；第二个阶段是听之中的"聆听"，文章用"情绪""审美"和"力量"三个维度，整合了听金属乐的内在体验；第三个阶段是听之后的"自我认同"，作者用"酷女孩""边缘感和归属感"和"风格"三个段落整合了访谈资料，并借此上升到抽象层面，同时完成了与理论对话的任务。这样一个原本似乎不太好着手的研究对象——听音乐，通过听之前、听之中和听之后的设定，就变成了有顺序逻辑的事件。

再以笔者的《五四运动在乡村：传播、动员与民族主义》为例。文章的副标题"传播、动员与民族主义"，实际上是对应着三个主体段落。那么，为什么用这几个词来串联呢？起初，笔者面对五四运动在乡村中的展开时，并没有找到组织史料的逻辑。后来就将其想象成一个过程：首先是事件的消息从城市传播到乡村，此为第一道程序，即村民需要知晓；然后是学生们在乡村的各种演讲和演说，这是五四运动在乡村展开的主要形式，为第二道程序；最后一个段落是动员活动产生的结果与村民的回应，即用民族主义情绪来收尾。由此，这一不太好把握的研究对象就变成了"三段论"的形式。

还有一些典型的例子。如前面曾经说过的"传播"，借助5W模式，将抽象的传播行为视作一个事件，就拥有了五段可以分析的过程。再如，假设有人要研究时下流行的"躺平"话语，同样可以将它的流行看作是事件，描绘出话语扩散的过程——或许有一个从最初的小社群讨论变成互联网文化、再扩展到社会各阶层的过程。

上述例证说明了事件化和过程化思维在材料组织中的有效性，这一思维可以运用于很多研究议题。当我们感觉到研究对象难以把握时，或觉得经验材料非常散乱时，不妨思考一下这种组织方式。由于事件常常分为几个过程，会携带比较自然的逻辑框架，能给人豁然开朗之感。

三、理论的层次

有时候，论文写作中会比较幸运地遇到一些开放的、自身携带着不同层次的框架型理论。开放的理论一般不会去压制材料，也不要求经验去证明对或错，而只是提供一个阐述的依靠，因此，材料在结构中拥有比较自由的空间。我们只需要根据理论提供的层次，按照这些方向去书写，就会形成一个逻辑性很强的经验分析部分。

首先以梁君健、陈凯宁的《自我的技术：理想用户的技术剧本与手机厂商的技术意识形态》为例。这篇文章讨论的是主流手机厂商如何通过技术话语来引导受众的摄影实践。文章的材料来源是华为、小米和OPPO等公司在2017年发布于新浪微博上的所有摄影图片，共1800幅，材料很多，同时也很散乱。那么，以何种逻辑组织这些材料呢？两位作者借助的是"技术的社会建构理论"提供的分析框架。该理论将技术的社会意义呈现为三种话语形态：首先是"技术知识"，其次是"技术剧本"，最后是"技术意识形态"。显然，这是一个由表及里、富有层次的逻辑。

第一层次是技术知识。文章从"理想用户的拍摄题材分布"和"拍摄题材偏好与技术知识"两个维度展开书写，得出的结论是："摄影的技术知识与市场化之间的历史关联在当下手机拍照技术中得到了延续。技术知识推动了对于手机这一技术产品的定义方式的视觉转向，即从通信工具到'拍照手机'（camera phone）的转变。"

作为第二层次的技术剧本是这篇文章阐述的重点。作者用"肖像类图片""纪实类图片"和"风景类图片"将材料分类，并按照技术剧本的要素进行分析，得出的结论是：其一，大部分肖像类图片可以归为"生活少女"类技术剧本；其二，纪实类图片展示出手机拍照技术对个体生活体验的即时记录和强化功能；其三，风景类图片提供了这样一个技术剧本，使个体从社会语境中抽身出来，在一种类似于精神朝圣的状态下独自凝视风景。

第三层次是有些抽象的技术意识形态。这部分涉及的经验材料已经较少，文章实际上走向了理论对话。这也是很常见的一种形式，即经验分析的最后一部分同时作为理论对话的段落。两位作者在这里发现了手机作为自我技术的意识形态性：

在讨论了手机厂商的技术剧本及其陈述出的技术愿景之后，本文的结论部分将探究厂商技术剧本所展现出来的技术意识形态及其可能的社会文化后果。本文认为，首先，手机拍照作为一种"自我的技术"参与构筑了"个性化"（personalization）这一当代社会的元过程（meta-process），进而形塑出特定的技术使用者的"主体性"。其次，技术意识形态也服务了厂商的经济利益，这不仅体现在技术剧本对于产品的宣讲，而且也体现在更加抽象层面中"个性化"的元过程与手机拍照技术的同构。

在这个例子中，文章用技术的社会建构理论提供的三个层次，将经验材料很好地组织起来。由知识、剧本到意识形态，层层递进，不仅逻辑顺畅，文章的主体结构也显现出清晰的层次感。

然而，这种能够去结构全文的框架型理论并不多见。很多理论的开放性不够，运用不当的话，经验材料就会被削足适履，文章也就变得非常机械。就像前面曾经提及的"可供性"，当生产可供性、社交可供性和移动可供性这个框架被普遍运用，所有的经验材料都在这三个层面展开时，就会产生很多一样的论文，遮盖了研究对象的特殊性。不过，此类框架倒是可以在论文的局部出现，用于某个小段落的材料组织。

在小段落中使用理论或概念来组织材料，可以用新闻传播学中非常流行的"媒介化"举例。舒尔茨（Winfried Schulz）在《重塑作为分析性概念的媒介化》①一文中指出，媒介在四个层面上改变了交流和互动的过程，概括而言：

首先，媒介在时间和空间上延伸了沟通能力；其次，媒介替代了先前面对面的社交活动，例如，网络银行取代了银行与客户之间的会面；再次，媒介带来了活动的融合，面对面交流与媒介化传播相结合，媒介也随之渗入到日常生活；最后，不同领域的参与者不得不调整他们的行为以适应媒介的评估、形式以及惯例。②

---

① W. Schulz. "Reconstructing Mediatization as an Analytical Concept," *European Journal of Communication* 19, no.1（2004）: 87–101.

② 施蒂格·夏瓦：《文化与社会的媒介化》，刘君、李鑫、漆俊邑译，复旦大学出版社，2018，第15页。

舒尔茨关于"媒介化"的界定，是将其作为一个实用性的分析概念而提出的，也就是说，他试图将其运用到经验分析的范畴中去。确实如此，当我们面对很多关于媒介影响的经验材料时，常常困惑于如何组织它们，这时，媒介化这个概念框架就可以作为叙述依据。但要注意两点，一是这个框架的四个层次并不适用于所有的场景，应根据经验材料自身的特点来调整框架的适用性，而不是相反；二是这个框架最好不要用于全文，因为那样会导致整篇文章非常机械，材料就会被"规训"。相反，在局部段落中使用，可能会对材料起到非常正向的组织效果。

还有一些组织材料的框架很难说是来自理论，也许仅仅是某个学者所说的某一句话，也能为写作提供指引。这里笔者举一个印象深刻的例子。在写作《"中国"的一年：新闻、阅读与民族-国家在日常的兴起（1894—1895）》这篇文章时，由于需要分析读书人围绕甲午战争展开的大量交谈，于是笔者需要将这些散乱的谈话有序地组织起来。但问题在于，关于日常谈话的框架如何搭建呢？似乎很难发现可以总结的规律。这时，笔者偶然读到一篇英文文献，其中有一句关于国家话语维度的表述，非常适合用来组织谈话，于是这个问题很快得到了解决：

交谈是无所不在的日常实践。尽管其重要性常被强调，但由于谈话的内容飘忽不定，理念也甚难操作，因而很少真正进入研究的视野。Skey（2011：11）尝试将"话语"理解为"以一种特别的方式谈论、理解和实践世界的方式"，并将其运用于人们谈论国家的语境之中。他指出，关于国家的话语实践往往包括五个维度：空间、时间、文化、政治以及自我/他者。本文将借用并综合这五个维度，以皮锡瑞持续而详尽的日记为材料（吴仰湘，2015），分析他及友人在战争与议和时期谈论国家的方式，以及这些话语实践之于读书人与国家关系的意义。

在具体写作中，笔者根据文章的材料略作变通，将 Skey 提出的五个话语维度综合成三个——时空、文化—政治以及自我／他者，进而较为顺利地将"谈论国家"这部分的史料组织起来。这个逻辑层次虽然不具有理论意义，但是来自一个有洞见的学术表达，并且符合事理，因此能够为读者所理解。如在写作中遇到这种情况，我们应判断其是否具有逻辑，是否可以覆盖大部分材料；如果是行得通的，就可以细致交代其来源，并根据研究做合乎情理的改造。

四、人为的建构

之所以将最后一种组织材料的方式称为"建构"，是因为它其实是作者的一种综合能力。在研究中，有一些经验材料自身并没有呈现出自然的秩序，文章也没有可以依靠的理论框架，这时就需要作者发挥主观能动性，去创造出一个富有逻辑的框架来。其实，这种建构在学术写作中是十分常见的。

以王艳的《移动连接与"可携带社群"："老漂族"的微信使用及其社会关系再嵌入》为例。这篇文章讨论流动中的老年群体如何借助微信维系社会关系，似乎较难借助某一个事件或现成的理论来组织经验材料。所以，作者只能根据研究对象的特点，将经验材料划分成三个面向。在文章中，作者展现了这个思维过程。首先是在既有的文献中寻找相似的逻辑：

有研究者将移民群体在互联网上的联系分为三种——新的联系（new ties）、旧的联系（old ties）和失去的联系（lost ties），发现互联网的使用既可以帮他们整合进新的移民社群之中，也可以和过去的社群保持联系，维系和重新发现他们和故乡的联系（Hiller & Franz，2004）。

新的联系、旧的联系和失去的联系，不失为一个很好的叙述框架。但是这个框架是基于西方移民群体而来的，有一定启发性，但无法全面覆盖中国"老漂族"的流动经验。所以，作者接着写道：

与西方社会的移民不同，由于中国属地化管理、户籍制度的约束以及原生家庭的强大聚合力，"老漂族"们的"根"仍然在老家，各种社会身份也留在了老家，他们在流入城市后仍然需要具身性地往返于流出地和流入地之间。同时，有别于普遍向往城市生活、通常为"候鸟式返乡"的农民工群体，因"照顾子女生活"而来的"老漂族"们对生活了大半辈子的家乡有着更深的眷恋，由于不参与流入地的经济活动，他们在流动时间的掌握上相对更加自由，返乡频率更高。对中国"老漂族"微信使用的考察，除了考察他们与流出地、与流入地的联系之外，不可不将他们返乡过程中的使用情况纳入进来，特别是身体移动和移动社交媒体如何相互配合。

这段话展现了作者对研究对象特点的思考，特别是对返乡过程这一维度的发现。由此，作者根据研究对象的空间转换，建构出一个经典的三段分析结构：一是"流入地社会关系的嵌入"，二是"流出地社会关系的再嵌入"，三是"返乡中的微信使用"。这样一来就涵盖了研究对象的完整流动经验，使材料的叙述有了依靠。

再以李艳红、龙强的《新媒体语境下党媒的传播调适与"文化领导权"重建：对〈人民日报〉微博的研究（2012—2014）》为例。这篇文章的经验材料是《人民日报》微博的内容，主体部分按照宣传模式、修辞策略和话语内涵的逻辑分为三大段。这个分析框架其实也没有现成的参照。在文章中，作者描写了这个逻辑：

> 下文我们将通过三个层面的解析来理解@人民日报所实现的调适。首先，我们将从新闻报道的范式层面解析，并通过与其母报的对比来探讨其如何对传统的宣传主义范式予以调适；其次我们将转向分析@人民日报所采用的修辞策略，探讨其如何通过采纳草根化、高度情感化和偏向性的修辞策略来对传统上严肃权威的修辞策略进行调适；最后我们将从话语层面来探讨@人民日报在实质的话语内涵上如何通过吸纳和表达民粹话语来实现这一调适。之后我们将对上述层面的调适予以总结和解读。

在论文中，作者并没有告诉读者为何是这三个层面，但是这个逻辑框架符合从整体到具体的认知思维，所以也是比较流畅的。

再以普非拉、林升栋的《"桃花源"与"伊甸园"：李子柒视频的跨文化解读》为例。这篇文章偏向社会科学的质化分析，需要处理的经验材料繁复冗杂。在将材料限定于网络热门评论之后，零零碎碎的网络语言自身不可能展现出逻辑性，理论的分层也是无从谈起。对此，作者首先确定了分析的主题：

本文将"生活"这一主题作为考察的中心。按照格伯纳（George Gerbner）的说法，"如果想要研究电视的影响，不应该问人们关于电视的问题，应该让他们谈一谈生活"（Liebes & Katz, 1986）。"生活"是李子柒对自己视频的定位，也是中英文评论中除"李子柒""视频"以及"she""her"等人称代词外词频最高的实词（中文"生活"共出现1263次；英文"life"共出现1928次），说明"生活"是中西方观众讨论最多的主题。将"生活"置于考察的中心，有助于勾连其他各类主题的评论和解读，发现观众是如何利用李子柒视频中呈现出的生活方式来讨论他们自己的生活。

随后，作者发挥主观能动性，将"生活"这一主题拆分为三个方面，其逻辑是平行展开的：

关于"生活"的评论可归纳为以下三个方面：（1）现代社会快节奏的生活与视频中呈现的乡村慢生活；（2）城市群体生活与乡村独处生活；（3）远离自然的生活与亲近自然的生活，其中"自然"包括物质性自然和象征性自然。必须注意的是，由于同一主题的评论数量很多，为了避免结果呈现时的"失焦"，以下对评论的直接引用只呈现典型的非同质个案。

根据以上叙述，三个方面的"生活"又被拆分为四个段落予以叙述，分别是"慢节奏的生活""独处的生活""物质自然"和"象征自然"，由此，散乱的经验材料获得了秩序。这个逻辑的形成没有现成的参照，而是作者的建构。但要注意的是，即便是人为建构，也不代表着可以随意划分，而是更需要细致交代划分的依据，并使之符合人们认知事物的一般思维方式。

经验材料的组织是学术写作的一个难点，挑战的是研究者的逻辑能力和叙事能力。这里提供了四种组织方式，分别是时空、事件的发展、理论的层次和人为的建构。这几种方式当然是有差异的，适用于不同类型的材料和问题。但是，在实质上，它们的共性其实要大过差异。所谓讲逻辑，无外乎是符合人们认知事物的一般规律。所以，组织经验材料的基本原则是充分尊重研究对象自身展现出来的秩序。作为写作者，我们只不过是以不同的方式将其清晰地表达出来，以便读者去理解其中蕴藏的学术价值。

第八讲
理论对话：回到知识脉络

在经验材料的组织完成后，论文的主体段落就已经完工了。但是，新的任务旋即而来，即如何将刚刚写完的经验分析上升到理论对话的层面。尽管理论创新很困难，但它仍然是学术写作的最高目标。

理论是研究者的"怕与爱"。我们往往对之充满期待，同时又带有深刻的焦虑：一方面，希望理论为写作提供指引，可以彰显研究的学术意义；另一方面，理论常常难以寻觅，或者很难用好，导致文章只能停留于描述的层面。对此，我们应直面理论的"迷思"：先要树立信心，将理论创新作为写作的目标；同时要破除对理论的迷信，将创新转变为"对话"。当理论创新被转变为理论对话时，不啻降低了写作的难度，还同时保留了目标。事实上，回到知识脉络，与既有的研究展开对话，是学术写作理论创新的一条行之有效的路径。

一、对话的路径

在与知识脉络展开对话之前，我们首先要重新认识理论的角色。在学术研究中，理论是对经验的高度凝练化概括。一则好理论的出现，就如打开了一扇窗，可以照亮一整片经验世界。但是在实际的写作中，我们需要接受一个现实：绝大部分的单项研究都无法实现完整意义上的理论创新，至多是在既有的知识脉络上予以小步推进。

人文社会科学的研究大概有三种类型。第一类研究是描述性的研究。我们必须承认，描述本身是有意义的。在这类研究中，理论在文章中扮演的角色是有限的，大多数时候，作者只是借用某个理论提供的某个视角，使经验的秩序能够被描述。第二类研究则试图和理论碰撞，推进理论的修正。文章通过新经验展示出来的矛盾性和解释力，实现对理论内涵的局部突破。第三类研究可称作是理论创新，即在比较、批判或不断的验证中提出新的理论范式。这种情况不太常见，很少有单篇文章能够独立完成这个任务。以传播学为例，传播学主要的中层理论仍停留在20世纪80年代前后，并没有因为互联网的兴起而出现理论的再次繁盛。因此，我们对研究要有合适的评估，理解理论的角色，在追求理论创新的同时，亦要知晓自己的写作大多数是在第一层和第二层上展开的。认识到这一点，有时反而有利于和理论进行对话。

其次，要根据研究实际安排好理论对话在文章中出现的形式。有的文章有单独的理论对话部分，有的文章则是将其嵌入其他地方。不少社会科学文章，在经验分析后面会有单独的理论对话段落。这种形式说明，从经验分析到理论对话，还有很多可以论述的空间，这类文章通常是比较扎实的。在人文历史的研究中，一般没有单独的理论对话段落，其理论意义常常在结尾部分延展讨论。还有一些文章，因为经验分析的层次中本身带有较为抽象的内容，理论对话就安排在经验分析部分了。这种情况也很常见，譬如梁君健、陈凯宁的《自我的技术：理想用户的技术剧本与手机厂商的技术意识形态》中经验分析部分的"技术意识形态"段落，以及刘畅之的《与父权"游戏"》中经验分析部分的"性别认同"段落，都包含理论对话的内容。总之，一篇文章若单独设计了理论对话部分，说明有较为丰富的理论阐释空间，对写作的要求也最高；若没有那么丰富的内容，也可以将理论对话前移到经验分析部分，或者后置于结论与讨论部分，也是可以接受的。

最后，理论对话的有效途径是重新回到知识脉络之中。有时候，我们若不太理解理论为何物，不如将其转换为知识脉络，即关于研究对象的系列性论述。一篇论文写到这个阶段时，议题所在的知识脉络已较为清晰，所以，现在的任务是概括经验材料的新发现，将之与原有的知识脉络仔细比较，从而提炼出研究的新拓展。回到知识脉络这个要求，意味着作者要记住文章的最初入口，到最后时再从同一个口出去——只是出去比进入时要增加一些见识。这个思维听起来简单，但在写作实践中却有些困难。原因是经过大段的写作，我们的思维常常被经验材料损耗或支配，从而忘记了写作的起点。

那么，如何与知识脉络展开有效的对话呢？有以下几种路径可以借鉴，分别是：强化经验对旧知识脉络的突破，突出核心变量的价值，在比较和批判中提出新认识。

二、强化经验的突破

如前所述，知识脉络是阐释研究价值、论证研究合法性的重要依据。一篇文章之所以值得写，就是因为其和过去的研究有些不同。当我们尝试追求论文的理论贡献时，就要回到合法性论证的情境之中。合法性其实在论文开头时就已被阐明了，但那时还是一种总体性的论断，缺乏经验材料的支撑。现在，经验分析已经完成，与知识脉络的对话可以具体而翔实地展开了。在这里，要尽可能多地抓住经验释放出来的新发现，将其放到旧知识脉络中进行对照，理论价值可能就体现在新旧的对照之中。

首先，以笔者的《"中国"的一年：新闻、阅读与民族-国家在日常的兴起（1894—1895）》为例。这篇文章的知识脉络是"日常的民族主义"，其研究价值之一就建立在切入的角度上 —— 将民族主义研究的视角从精英转换到日常、从话语转换到实践。具体而言，与过去的思想史研究注重上层人物的路径不同，文章从阅读活动出发，讨论了普通人在日常实践中生产的民族国家意义和情感。因此，在理论对话部分，文章首先与常规的思想史知识脉络进行了比较，强化了对民族主义研究路径的突破：

以往研究总体偏向从思想史路径，寻找民族主义的蛛丝马迹，譬如 Cohen（1967）在王韬身上发现了"初期的中国民族主义"（incipient Chinese nationalism）。不得不说，这种民族主义只有个体的意义，仍然是一种不确定的方式。本文与思想史路径不同，通过探究读书人的阅读、交谈和情动，探讨民族国家是如何生成于日常生活的，这实践了 Brubaker（1996：7）关于国家的认识论："国家是一种实践的范畴、体制化形式和各类事件的构成。它是一系列实践而不是叙述。要理解民族主义，必须理解对国家的使用，一种塑造感知、刺激思想和经历、组织话语和政治行动的方式。"

随后，笔者又在前文提及的四种关于国家的日常实践——"谈论"（talking）、"选择"（choosing）、"展演"（performing）和"消费"（consuming）的基础上，增加了"阅读"（reading）这个新形式，作为文章对"日常的民族主义"知识脉络的推进：

民族国家要变成日常生活的确定形式，必须具备某种物质性的条件。从传播的视角看，在1894年到1895年之间发生的种种关于国家的交谈、思考和情动，是建立于"读报"这个实践之上的。在19世纪前期，中国社会其实发生过许多理应令人震惊的事件，但却从来没有在民众之中形成类似甲午乙未年的那种集体的共振。譬如，常常被作为近代史开端的鸦片战争，真正产生的社会影响很小，战争时期与蔡元培境遇相似的曾国藩，就从未关注过它的进程；而第二次鸦片战争发生时，即使是"火烧圆明园"这样的屈辱事件，也未能引起多少警醒，这证明了本文所涉及之社会传播的重要性。

再以张咏、李金铨的《半殖民主义与新闻势力范围：二十世纪早期在华的英美报业之争》为例。这篇文章的知识脉络是"殖民主义与传播"，其研究价值在于以往研究主要讨论殖民者与被殖民者之间的关系，而这篇文章将视角转换为殖民者之间的竞争。在完成史料的叙述之后，两位作者强化了这种新视角的学术贡献：

不同于大多数后殖民研究，本文试图揭示殖民者之间动态的话语争论。列强所建构的殖民话语，并非像人们通常所假设的那样内容一致、立场相同。由于政治目标、经济利益不同，列强之间不仅争夺殖民霸权的地位，也用不同话语为殖民方式做合理化的解释。列强的殖民竞争也表现了意识形态与殖民话语的竞争。二十世纪初期的中国，殖民话语不是由宗主国与附属国相互作用而形成的，而是帝国主义内部竞争的产物。

在殖民化的过程中，报纸发挥着关键的作用。一方面，无论在母国或殖民地办的报纸，都可视作"殖民帝国的软体"（Nalbach，2003），为殖民扩张正名。另一方面，报纸又为列强竞争提供话语平台，推动殖民霸权的再分配与重新整合。

再以王艳的《移动连接与"可携带社群"："老漂族"的微信使用及其社会关系再嵌入》为例。这篇文章的知识脉络之一是老人传播研究。该领域有一个主导的理论共识，即"数字鸿沟"。在文章开头部分，作者批判了这种共识，认为它遮蔽了部分老人可以能动接纳新媒体的现象。在理论对话部分，作者继续强化了对这一主导范式的超越：

智能手机和移动社交媒体的发展和普及成功地将过往在社会结构和互联网接入、使用处于边缘地位的老年人们纳入进网络社会的节点中。这是当前中国社会进一步"媒介化"（mediatization）（Livingstone，2009；Schulz，2004）的突出现象，有学者谓之"数字弱势群体的崛起"（周裕琼，2018）。因此本研究的意义首先在于，在占主导的"数字鸿沟"范式之外，对老年人日常生活情境中的新媒介交往实践进行了呈现，描述了通常被认为是政治经济结构和网络技术中的边缘群体——城市老年流动人口如何运用中介化的新传播科技参与社会生活，能动地解决他们在流入地社会交往和心理上的困境。新型社交媒体微信为"老漂族"们社会关系的修复、重建、形成新的社会交往提供了更大的可能性和更多的象征性资源，也提高了他们在高速流动、个体化进程持续推进的现代社会中的适应性。

再以普非拉、林升栋的《"桃花源"与"伊甸园"：李子柒视频的跨文化解读》为例。这篇文章的学术意义是尝试打破"文化帝国主义"理论范式的影响，批判将李子柒视频看作文化输出的观点。两位作者通过辨析数量繁多的中外网络评论，发现中西方观众对李子柒视频的阐释框架并不相同，由此对既有研究形成了挑战。在材料分析结束后，作者加强了对经验意义的阐释：

按照利贝斯和凯茨提出的确定一个文化产品是否属于"文化帝国主义"的标准，西方观众对李子柒视频的解码与生产者的编码方式并非完全相同，也与中国观众的解码方式存在很大差异；西方文化传统为西方观众提供了一套不同的阐释框架，形成不同的意义解读，并没有产生对其文化的渗透；李子柒视频的生产者也没有过多考虑"文化输出"的问题。因此，李子柒视频在全球的传播并不能看作是文化帝国主义现象，也并不是具有单向性和强制接受意味的"文化输出"。虽然"文化输出"或中国学者积极宣导的"中国文化走出去"（spreading Chinese culture）源于中国文化对世界有其独特价值和贡献的假设（Sparks，2019），但传播与接受毕竟不是一回事，观众在接受文本主导符码基础上运用根植于本文化的阐释框架协商文本意义，通过积极卷入视频，形成不同的意义解读和在地想象。这是霍尔"编码/解码"理论和积极受众论给中国对外传播应该达到什么样的效果的启示。

最后以李艳红、龙强的《新媒体语境下党媒的传播调适与"文化领导权"重建：对〈人民日报〉微博的研究（2012—2014）》为例。这篇文章的知识脉络是"政党调适"。在文章开头，两位作者曾指出，政治学中关于政党调适的研究已有很多，但既有研究很少讨论党的传播系统，由此文章发展出"传播调适"的概念。在经验分析中，文章细致分析了《人民日报》微博在新闻报道范式、修辞模式和话语实质三个层面的调适；在理论对话中，两位作者努力尝试将经验材料上升到抽象层面进行思考，最终将《人民日报》微博的调适概括成一种独特的新闻传播模式：

> 围绕这一象征的"正义表达"的角色，并通过与社交媒体属性的充分互动，@人民日报得以创造出了一种独特的新闻传播模式，从本文的分析可以看到，这一模式是通过如下过程建构的：首先，在新闻传播范式的选择上，它选择偏离宣传主义的报道范式，吸纳专业主义新闻范式的要素，并将其与新媒体的快捷属性结合，纳入突发事件报道；其次，在修辞策略上，以言论作为主导体裁，能动地实践了一种草根平民化、情感化和高度倾向化的修辞策略；最后，在实质的话语内涵上，它则将复杂议题置放在民众与政府，以及弱势社群与主流社群这样的二元框架下进行建构，发表支持绝对民本立场的具有民粹主义特征的"正义话语"等。

在这个新模式被描绘出来以后，作者又绘制出一个理论图式，并将其阐释为"党媒在新媒体条件下的创造性发明"；随后，将这种新模式放到中国共产党的传播系统中审视，认为《人民日报》微博与《人民日报》一起，构筑了党的"双层化的立体的传播体系"。通过这一系列学术化的阐述，文章在党媒的新闻创新领域实现了理论创新。

这些例证说明，要从经验分析中实现一定的理论创新，主要路径之一就是回到知识脉络之中。要在前文合法性论证的基础上，用更具体、更确定、更翔实的研究发现去延展讨论。上述丰富的例证足以说明，这是理论对话写作中最广泛运用的思维策略。

三、突出核心变量

核心变量的独特性可以生成一定的理论价值。所谓核心变量，就是对文章的讨论起到关键作用的概念、事物或者视角。在很多文章中，核心变量往往与研究者所在学科的独特性有关。随着专业分工的细化，学科之间存在的无形界限限制了研究者的视野，导致很多文章都是从特定的学科视角出发的，由此带来一种现象，即为了突出研究价值，常常要考虑到对特定学科或视角的特殊贡献。

譬如，新闻传播学研究的独特价值有时会落到"媒介"这个维度。以笔者的两篇新闻史文章为例，在阐释研究的理论价值时，常常要去挖掘传播或报刊所带来的新视野。一方面，媒介视角往往是文章的切入点，本身需要在史料叙述后给予回应；另一方面，新闻史研究处理的媒介主要是报刊，其作为历史中的"新媒体"，和其他众多媒体如教科书、地图、语言等，确实有很多不同之处。在《"中国"的一年：新闻、阅读与民族–国家在日常的兴起（1894—1895）》中，描述的现象是1895年的社会震动。客观而言，这个现象在历史学界并不新鲜。但是，从传播的角度切入，能够在既有研究的共识上，增加媒介之于这段历史的意义。具体而言，文章通过史料分析发现，1895 年时分散各地的读书人，经由"新闻纸"阅读，第一次同步生成了关于国家的认知和情感。所以，后续的理论对话从两个层次强调了"新闻纸"这个核心变量。首先从一个新的社会传播网络的出现去谈：

> 具体而言，在 1895 年的中国，已经形成"电报—新闻纸—口头"这个三位一体的传播网络。如前所述，在此网络中，发行已较为广泛的上海新闻纸扮演着核心角色，它们通过派出记者、采用电报新闻、翻译外报等方式，持续地报道战争与议和的进程。在这一年间，清政府还从未意识到新闻纸这种"现代文化形式"的力量，因而关于战争失败的新闻和议论从未受到干涉。就阅读而言，其实早在中法战争之后，《申报》就已在不少洋务官员和读书人之中流行；到甲午时，其影响随发行网络扩大而进一步增强，组织起蔡元培、皮锡瑞、张棡这类广泛散布于京师、沿海和沿江地区的读书人，新闻所到之处就是民族国家意义的生成之地。

其次从新闻纸阅读行为引起的国家意义的再生产，以及读书人对国家的新理解去谈：

> 不仅如此，读报还促进了民族国家在日常的"再生产"，激起了读书人的交谈和情动。国家就这样被分散于不同地理空间的读书人，同时且持续性地生产出来。正是在这个意义上，1894 年到 1895 年的中国读书人，借由新闻纸的连接而拥有了政治意义上的

"同一个中国"。这个处于变化之中、有着现时特性的共同体，显著地区别于他们很早就认同的那个以道德、文化和科举维系的文化中国。

在另一篇文章《伟大的情感：近代报刊的"祖国"话语与意义争夺（1902—1927）》中，笔者在最后部分，同样尝试去讨论报刊媒介的特殊性。也就是说，当文章以报刊作为核心书写对象时，并不能天然地将其等同于其他载体，而是要思考它对概念的呈现造成的偏向。一个行之有效的办法是将其放到媒介系统中观察，在比较中呈现出特殊性：

> ……"祖国"虽然模拟了一种亲缘关系，并具有一种天然的道德感，但国家对于个人说到底是一种抽象的事物，人们对她的爱并不会凭空而来，而是需要一系列广泛的论述才可实现。这些论述可能包括文化、教育和国民身份的塑造等，自然也包括本文所说的报刊。就媒介而言，近代中国民族国家的建立及其认同感的塑造，主要依赖的是报刊。与地图仅仅有助于建立国家的疆域感不同，报刊呈现了关于国家更为丰富的信息，几乎无所不包，持续不断；与书籍不同，报刊是连续出版物，面向更广泛的读者，并且其空间开放，允许读者对其知识进行再生产。上文中提及的各种对"日耳曼祖国歌"的模仿，绝大多数都是在报纸这个媒介空间中生产的。由此，近代报刊因为这些独特的因素，就成为"祖国"这种政治情感得以可能的物质基础，并且是最重要的那个。

在这段话中，笔者首先强调了概念的形成建立于广泛论述的基础上，是众多媒介共同作用的结果；随后，将报刊与地图、书籍进行比较，阐述了报刊的特殊价值——持续性和开放性。通过在媒介系统中的比较，报刊作为近代概念生成的物质基础之一，所扮演的独特角色就被揭示出来了。

四、在比较中提出新认识

乔治·斯坦纳（George Steiner）曾说过，思考相似与差异，类比与对比，是通往人类智识的基础；法语词中"理性"（raison）和"比较"（comparaison）的发音，即说明了此点。[1] 当我们带着经验材料的新发现回到知识脉络中时，可能要面对许多不同的理论表述，这时将个案、经验放到群体中予以比较分析，是另一种重要的思维方式，依靠这一思维方式，有可能在理论对话中走得更远。

这里以邱林川的《信息"社会"：理论、现实、模式、反思》[2]为例。这篇文章体现了很强的理论对话意识，作者在关于理论和经验的比较分析中，尝试提出信息社会的中国模式。作者首先将"信息社会"理论分为五类，分别是：

- 第一类，许多关心经济的学者把信息社会看成现代化过程的一部分；
- 第二类是强调质变和突变的"后现代学派"；
- 第三类是在继承马克思主义批判传统的基础上进行创新；
- 第四类是强调政府、公司等组织机构利用信息传播技术加强

---

[1] George Steiner. "What Is Comparative Literature?" *Comparative Criticism: An Annual Journal* 18（1996）: 157–171.

[2] 邱林川：《信息"社会"：理论、现实、模式、反思》，《传播与社会学刊》2008 年（总）第 5 期。

现代化监控手段，进行所谓的"控制革命"；

　　• 第五类是以卡斯特为代表的"网络社会学派"。

　　作者分别评述了这些学说的共性、差异和值得借鉴之处，为提出信息社会的中国模式做好了理论铺垫。

　　接下来，作者转向了经验分析，回到了中国信息社会的"现实"，提出了新的发现——中下阶层而非精英阶层才是中国信息创新的主体。针对这种现实，作者首先引入了信息社会的三种模式——硅谷模式、东亚模式和芬兰模式，然后在比较中进行了批判分析，指出它们虽然对理解中国信息社会有借鉴作用，但终究不适用于中国社会，原因是这些模式基本是以社会精英为出发点的，难以适用、也难以解释在中国社会中普遍开展着的普通人的信息生活。

　　随后，作者提出了信息社会的"中国模式"：

　　近年来中国信息社会的快速增长是以中低端信息传播技术的普及为主要表现形式的。该过程中技术创新相对缺乏，而社会创新则大量存在，这是中国模式的一大特点。当然，中国的创新主体也包括政府、企业、大学等精英势力，但相对上述三模式而言，最具中国特色的创新主体则是信息中下阶层及他们透过中低端媒体来维持、拓展、巩固的跨域社会网络（translocal social networks）（Cartier et al., 2005）。透过不断的社会创新，中国信息社会不但规模日益扩大，而且内部结构日益分层，呈现动态发展态势。该趋势包括精英推动的成分，但同样是信息中下阶层大规模自发实践的结果。因此，和精英阶层的技术创新一样，中下阶层的社会创新也是中国信息社会发展的核心组成部分，也是推进其演变的关键力量。

在提出了这一模式后，作者继续阐释了该模式的内涵和社会创新的独特性：信息中下阶层不仅是困难群体或边缘人群，他们也是中国信息社会里的创新主体，也可能"采取主动或成为主流"。最后，作者还探讨了信息社会的中国模式所具有的后发优势、在发展中国家的信息化过程中的代表性以及该模式内部的多样性，进一步阐释了理论的价值和情境。尽管这篇文章发表于2008年，或许不一定适用于技术日新月异的当下，但文章思路清晰，论证有力，在比较和批判中提出了一种新模式，实现了对信息社会理论的创新。

比较也可以用于人文历史研究中，成为产生洞见的来源。此处以柯文（Paul A. Cohen）所著《在传统与现代性之间 —— 王韬与晚清改革》[①]一书为例，说明如何通过将个案放到群体中、从具体上升到抽象，进而在比较中提出洞见。不同于一般的人物传记，这部历史学名著不仅描写了《循环日报》主笔王韬的一生，在基本的叙事完成后，还在结尾中将王韬与同时代的改革者进行了比较，从而发现一种认识近代中国的空间模式 —— 作为文化类型的沿海与内地。可以说这一洞见，给人们提供了认识近代中国的一个新的理论视角。

作者首先将作为个体的王韬放到群体之中，并将群体细致分类，人物因此有了可以比较的对象：

早期改革者作为某种群体，其重心完全倾向于统一体的沿海一端，但他们也可再分为可比较的亚型。我们发现，属于最沿海的人物有容闳、何启、唐景星和伍廷芳。前两位完全与内地隔绝开来，

[①] 柯文：《在传统与现代性之间 —— 王韬与晚清改革》，雷颐、罗检秋译，江苏人民出版社，2003。本讲所引用的段落均来自该书最后一章。

后两位则大体如此。接下来的一组改革者虽与沿海联系极强，但他们又具有牢固的中国学术、文化基础。属于这一类的人物有王韬、郑观应、马建忠和马良。最后，还有少数早期改革者，他们直接与沿海或西方（或经由日本而间接地与西方）有重要联系，但他们基本上是中国内地的产物。冯桂芬、薛福成、黄遵宪和郭嵩焘就是其中的突出代表。

这种归类和比较，就如在量化研究中设定变量，其中偏向沿海还是偏向内地成为理解问题的关键。作者随后将这 12 个人分成两个部分——主要活动属于沿海的前 8 位和主要与内地联系的后 4 位，详细分析了他们的经历。作者先是总结了沿海改革者"共同的经历类型和世界观念"，随后分析了这群人与同时代其他中国人不同的原因，接下来又描写了另外 4 位主要与内地联系的改革者，最后通过偏向沿海和偏向内地两类改革者人群的异同比较，作者阐述了"沿海与中国 19 世纪的变革"这个理论问题：

• 在 19 世纪的中国，以某种形式接触沿海文化，是为广泛改革铺平道路的关键因素。

• 在上述中国改革者的第二组人物（那些成年后才开始与沿海发生重要联系的人）中间，"经历的决定因素"具有首位的重要性。

• 在这些特殊情况中，对改革的最初首肯似乎受到了本土哲学的影响，但给它刺激的也许还有个人经历中的失意（如王韬没有考取举人）、个性特质，或其他一些因素。重要的是，鸦片战争前中国存在一些因种种原因而不满社会现状的人。他们相信改良社会的可能性。

• 太平天国运动以后，随着沿海促进变革的影响不断增长，内地的作用也转变了。它作为变革来源的色彩逐渐暗淡了（虽然从未消失）；在整个变革的过程中，它主要日益发挥了使变革合法化的作用。

这里用了一些篇幅介绍柯文这位历史学家如何将个体放置到群体中、将具体上升到抽象，进而在异同比较中阐释一个理论问题的过程。尽管是历史研究，但这个思维路径值得社会科学研究者学习。试想，如果对人物的研究只停留于王韬个人，即便是再精彩的故事，也难以生发出理论的意义。只有将个案或个体放置到群体或类型之中，通过比较和阐释，一个经验性的故事才能变成具有理论意义的洞见。

以上阐明了理论对话部分的写作思维。首先是正确认识理论创新，既把它作为研究追求的目标，又要在写作中将其转化为切实可行的操作方法。实现理论对话的三条具体的路径是：强化经验对旧知识脉络的突破，加强对核心变量或视角的论证，以及在比较思维中提出新的认识。这三条路径虽然有所不同，但均要求回到文章最初的入口，回到合法性论证的起点，因为理论价值就藏在研究初始所定位的一系列知识脉络之中。

第九讲
结论与讨论：延展意义

经过前期漫长的写作之旅，文章终于来到了最后的"结论与讨论"部分，似乎可以松一口气了，但还不是时候。如果用一个比喻来形容，写结尾的状态很像是爬山快要登顶时，看起来胜利就在眼前，却仍然会比较辛苦。确实如此，结尾虽短，但写起来并不轻松。在中国人的作文法则中，有"凤头、猪肚和豹尾"的说法。"豹尾"是一种很漂亮的形态，兼具轻盈和力量，或能出其不意，或能升华主题。为了写好结尾，我们首先要端正心态，鼓励自己再加一把劲；其次要理解结尾的要素和它在论文中的功能，最终的目的是要写出一个具有想象力的、能够延展研究意义的结尾。

一、结尾的功能与要素

第一，结尾是论文不可或缺的部分，是让文章获得平衡感的重要段落。

一般而言，我们对缘起与问题、文献综述等部分倾注的时间最多，在经验分析部分比较关注叙事，在理论对话部分注重抽象思维，而到了结尾，其实最考验的是耐心。从论文的实际情况看，很多文章的结尾不过关，最明显的特征就是完成度比较差。譬如，笔者经常看到一些硕士学位论文，虽然总的体量在3万字以上，是符合规定的，但结论与讨论部分却只有半页纸，这就是典型的"虎头蛇尾"。这种情况可能体现的是态度问题，即作者已筋疲力尽，前面的几万字可能也是如挤牙膏般挤出来的，此时只想草草收场；也可能反映了能力问题，即作者根本不知道如何总结，不知道如何延展研究的意义；还有可能是认知不足，即作者对学术论文的形式缺乏基本的理解，不清楚结尾有哪些要素。总之，如果一篇文章的结尾比较草率，就可以大致判断出文章质量不会太令人满意。

事实上，结尾并不简单，不是能够机械或随意处理的段落。它承载着很多功能，充满着未知和挑战。我们要做的第一件事情，就是让其拥有一定的体量。因为在形式上，只有达到一定体量的结尾，才能匹配上文章的主体，使之在形式上成为一篇结构完整的论文。

第二，结尾是阅读与评价的重心之一。从阅读的视角看，结尾具有和开头一样重要的作用。无论是读者还是评审，在初看论文时，不可能细读整篇文章，其目光大概是从标题、开头、结构和结尾一一扫过。因为读者往往有一种期待，即结尾中藏着研究发现、理论提升和意义延展，会先通过它来评价整篇论文。如果结尾写得精彩，或许才可能引起回看全文的行动。对评审来说就更是如此了，一般会先从形式判断，看结尾体量是否与主体匹配，再看其研究意义的书写，从而大致判断作者的写作态度和论文质量。

第三，结尾本身承载着众多的写作要素，需要回答很多问题。

所谓"文无定法"，这一原则显然也适用于结尾的写作。尽管可以有多样化的形式，但结尾仍然可以解析出一系列固定的要素，主要包括以下几点：一是总结与追问，二是解决遗留问题，三是阐述研究视角的独特性，四是对个案进行纵横延展，五是交代研究限制，六是提出未来设想。这些要素显示了结尾的丰富性，六个要素虽然不一定要全部出现，但是当其中几点被描述出来时，结尾就会形成一定的层次，不会有草草收场的感觉。

二、总结、追问与讨论

对一篇论文而言，写到最后时，还有很多内容在等待作者叙述。所谓"结论与讨论"，结论就是要对研究结果进行凝练的总结，是最基本的任务；讨论则更多是针对未知的问题，如个案能否延展，研究意义是否可以提升，未来如何继续探究等。这些内容充满变化，显示了结尾的开放性。

结尾的第一个要素是对全文的总结与追问。关于总结，我们并不陌生，在文章各部分的尾端，总有类似的自我陈述。但是，结尾处的总结是不同的，因为论文写到这里时，文章的经验分析和理论对话已近完工，总结就要站在全局的高度上进行——不仅要包含研究对象、视角和方法等常规内容，更重要的是要系统地去呈现研究发现。此外，总结完成后，还可能意味着新的开始，也就是要对研究意义有所延展，以便拓展文章的学术价值。

这里以笔者的《路上无风景：城市"移动空间"中的交流》为例。这篇文章结尾的第一段，分层次地总结了文章的研究发现；紧接着另起一段，引入了新的追问，将文章引向了关于城市公共生活的讨论：

Mitchell（2002：vii）说，风景可以"在人身上施加一种微妙的力量，引起广泛的、可能难以言说的情感和意义"。那么，当代城市的风景如何？从都市人每日上下班的移动实践看，现代交通创造了一种由快速路、立交桥、隧道等构成的毫无生机的物质环境，将人与传统城市的亲密关系改造为"流动的凝视"或可以忽略的场景；同时，不断增长的移动空间不仅削弱了传统城市供人停留、接触和交谈的公共空间，也使得人们在公共场合的"避免交流"变得富有正当性。更值得注意的是，当手机媒体介入移动空间后，"共处而不交流"升级为十分"自然化"的行为。因此，在每日重复的移动中，人与城市、人与人之间难以产生情感与意义。正是在这个层面上，路上无风景。

至此，我们不禁要追问，城市中大量陌生人之间的停留、接触和交谈有何意义呢？

再以普非拉、林升栋的《"桃花源"与"伊甸园"：李子柒视频的跨文化解读》为例。在结尾第一段，作者对文章进行了详尽的总结：结构上用了"首先""其次"和"最后"，内容上则包括了概述文章任务、展现研究发现和阐释理论意义，值得模仿学习：

本文以"编码／解码"理论及积极受众论为理论视域，运用文本分析的方法，对中西方观众对李子柒视频的意义解读、阐释框架进行了研究和讨论，得出了以下发现：首先，中西方观众都识别出了李子柒视频所传达的"慢节奏""独处""亲近自然"的主导话语，中国观众以接近生产者编码框架的方式进行解码，形成了"跳脱快节奏生活，冲破人情道德束缚，与自然和谐相处，走进自然出世归隐，追求平淡境界"的意义解读。西方观众则运用根源于西方文化的阐释框架，形成了"放慢生活节奏，整全个人意义，保护自然环境，与自然重建连接，平衡或治疗技术世界对自然世界的侵占"的意义解读。其次，本研究通过对"桃花源"与"伊甸园"故事的回溯，将中西方不同的意义解读与其勾连起来，指出"桃花源"与"伊甸园"所建构的理想世界及其实现方式是中西方观众解码李子柒视频的不同阐释框架。最后，本研究认为，由于西方观众的解码方式与中国观众的解码方式、视频生产者的编码框架并不相同，因而并不是一次"文化帝国主义"事件，也不是具有单向性和强制性的"文化输出"。李子柒视频植根于中国文化，传达出中国人共有的一种生活理想，中国观众也准确解读出其中的意义。但李子柒的影像并没有试图封闭这种意义，而是形成了一种"虚位以待"的邀请，欢迎不同文化群体的观众调动自己的文化和生活经验积极解读视频，形成中西方不同的解读和想象。

　　结尾的第二个要素是处理遗留问题。文章前面的段落，常常围绕着核心问题，集中精力展开论述。因此，遇到一些难以处理的细节或者异常的个案时，只能暂时放在一边。到写作结论与讨论部分时，就可以予以解释，从而让文章的论证更为严密。在笔者的《"中国"的一年：新闻、阅读与民族-国家在日常的兴起（1894—1895）》中，出于论证的需要，文章主要讨论的是五位中国读书人的共同点，鲜少阐述他们的差异。所以，在总结完全文后，笔者增加了对他们之间差异的叙述：

　　如果要在他们之中寻找差异的话，那么，能否不间断地接触到新闻纸是影响其行为的一个关键性变量。五人中，翁同龢主要依靠电报和奏折，处于信息接收的"上游"，受民间刊行的新闻纸影响不大。但是对蔡元培、皮锡瑞和张梧这样处在官僚体制的非核心地带或之外的人来说，新闻纸不仅是主要的消息来源，也是激发讨论和刺激情感的媒介。这几人可以看作是京师和沿海地区读书人的代表，他们或住在政治中心，或活动于沿海与通商口岸，或依水而居，均是上海新闻纸容易到达的地方。而处于内陆乡村的刘大鹏，消息来源主要依靠口头，对国家的认知就谈不上清晰，确切的讨论更难展开。

结尾的第三个要素是阐述研究视角的独特性。学术论文的写作，总是从某个特定的视角切入，而视角之间是存在差异的。所以，视角可以成为研究意义的阐释点。当然这个阐释点可能并不是论文的主要任务，这时在结尾处展开可能是比较合适的。譬如，笔者的《五四运动在乡村：传播、动员与民族主义》一文，虽然文章首要的研究价值是将五四运动史的研究重心从城市转向农村，但还有另一个基本的研究价值，即传播学赋予的交往视角。在结尾中，笔者围绕着交往，从三个层面阐述了研究的意义：

• 首先，从传播的角度看，必须正面肯定学生群体在五四运动期间的组织化运作。

• 其次，就动员来说，当学生开始面对识字甚少的乡民，自然要寻找有效的交流方式，从而使自己推广的思想变得容易理解。

• 最后，或许也是最重要的是，学生在乡村运动中积累了与乡民打交道的经验。

结尾的第四个要素是对个案的纵横延展，也就是将研究对象放到更大的时空脉络中去讨论。首先是在时间维度上延展。单个研究设定的时间常常是有限的，但同一现象在特定时段的前后都可能有所表现，那么适当回溯或展望个案的形态或影响，是通行的做法。其次可以在空间维度上延展。由于个案一般具有特殊性，在其经验被呈现出来之后，还可以将其放到不同的空间中予以比较，从而在特殊和普遍的辩证关系中，强化个案的意义。总之，纵横延展是非常有效的思维路径，有一些文章甚至综合运用了两种思维，使研究意义在两个方向上都得到了拓展。以笔者的《"成员无数"：一份马克思主义刊物的栏目设置和群体逻辑（1920—1921）》[1]为例。这篇文章分析的是 1920 年创办的《劳动界》，其设置的"演说""界"和"读者来信"三个专栏所隐藏的对工人阶级的动员策略。对《劳动界》的个案分析完成后，笔者在结尾处从时空两个维度进行了延展。

先是时间上的延展，主要是追溯了这几种栏目的历史渊源：

1900 年以后，"演说"开始分布在以平民为对象的白话报和妇女期刊中，原因是这些读者难以阅读和理解深奥的文字，而只能听懂浅白的语言。譬如，初创的《女学报》即设置"演说"栏目，将其表述为"我以笔代口，君以目代耳"（女学报，1902），确定了版面的听觉意义。与此同时，还出现许多专门以"演说"命名的报纸，如《湖南演说通俗报》《河南白话演说报》等。这些报刊从名称即知其听觉取向，内容浅白，以普通大众为目标读者。相对而言，"界"这种手法的运用，早期主要面向有知识的学生群体。除了《苏报》上著名的"学界风潮"外，《岭南学生界》设有"上海学界""中国学界""外国学界"栏目；四川的《广益丛报》亦

---

① 卞冬磊：《"成员无数"：一份马克思主义刊物的栏目设置和群体逻辑（1920—1921）》，《国际新闻界》2021 年第 7 期。

有相似的学界报告，如"阆中县学界来函""东京学界报告""简州学界""懋功学界"。这是晚清社会面向学生阶层兴起的一种群体动员。同时，随着女性解放思潮的兴起，"女界"成为一个新兴的栏目，如1904年的《女子世界》，设置有"上海女界""嘉定女界""无锡女界""苏州女界""南浔女界"等栏目。与"演说"和"界"相比，"读者来信"是报刊实践中更为普遍的做法。在早期传教士中文报刊中即有零星体现，《申报》创办后更是注重和读者的关系，刊登大量读者来信，并与之互动。费南山（1998：265）指出："《申报》馆与读者的关系非常密切。有时候在两天的时间之内已经有对前一天读者来信的反应。"这种情况在后来的报刊实践中持续下来，在面向知识分子的刊物中尤为显著，譬如《时务报》和《新青年》。

然后是空间上的延展，主要讨论同时期其他刊物对这些栏目的运用：

就在同时，社会中出现了许多面向工人群体的刊物，如《劳动音》《劳动者》《劳动与妇女》《工人周刊》等，这些刊物同样在运用"栏目的政治"。《劳动音》，其发刊词即是口语式的，从仅存的2期内容看，刊物亦设有类似"国外劳动界消息"的专栏。《劳动者》虽然由无政府主义者创办，但早期也宣传工人运动，设有"国内罢工运动概况""外国劳动运动的趋势"版，并从第3期开始刊登"工人通信"。1921年2月创办的《劳动与妇女》以女性劳动者为动员对象，创办者之一沈玄庐直接称呼读者为"弟兄们、姐妹们"（玄庐，1921年2月13日），且该刊经常刊登演说词，请读者"以目代耳"。在这些同时期或稍晚的刊物中，北京共产主义小组在1921年7月创办的《工人周刊》影响较大，其栏目设置的意图与《劳动界》更为接近，除"评论"外，主要由"劳动新潮""工人谈话"和"讲演"等构成——"劳动新潮"报道国内外劳工运动的情况，"工人谈话"刊登第一人称的读者来信，"讲演"则摘录演说词。

通过对时空的延展分析，以《劳动界》为个案的研究扩展到一种类型——"由上可知，《劳动界》呈现了20世纪20年代中国涌现的一类刊物的风格，其栏目设置蕴藏着深刻的群体逻辑"，从而彰显了学术价值。这里之所以进行详细的引用，是因为时空延展对结论的写作非常重要，它能够使我们的研究超越个案的描述，从而接近人类学家格尔茨（Clifford Geertz）所说的"扩展"："典型的人类学家的方法是从以极其扩展的方式摸透极端细小的事情这样一种角度出发，最后达到那种更为广泛的解释和更为抽象的分析。"①

结尾的第五个要素是交代研究限制。平心而论，一篇学术论文的问题和局限，也许只有作者自己最清楚。所以，一个通行的学术规则是在论文最后写出研究的不足之处。以社会科学论文为例，由于比较强调方法，所以很多对研究限制的说明都是对样本和方法的反思。这里仅以王艳的《移动连接与"可携带社群"："老漂族"的微信使用及其社会关系再嵌入》为例：

本研究存在诸多局限，首先在于样本过于偏狭，本研究里的访谈对象自身及其子女经济条件较好，有一定的受教育水准，新媒体学习能力较强，而那些新媒体使用技能较差，甚至无力购买智能手机设备的"老漂族"，本文没有涉及，这是本研究的重要局限性

---

① 格尔茨:《文化的解释》，韩莉译，译林出版社，2008，第24页。

之一。此外，研究访谈对象都是中老年流动女性，所观察的微信群里的成员也主要是中老年女性，在调研中笔者发现，中老年男性在微信上的活动以玩游戏、在公众号上看小说为主，而对于参加微信群、与人聊天并不热衷，他们流动到城市后的社会交往情况如何，有待于后来者及后续研究的深入考察。另外，由于深入访谈的样本较少，本文在分析中没有区分暂居者和定居者，他们各自在使用微信进行社会交往上有何不同，也值得做进一步详细考察。此外，究竟是"广场舞"本身还是"广场舞"微信群对老人们建立新的社会关系网络贡献更多，也需要进一步结合量化研究，确定其中量化关系来进行分析。

三、结尾的想象力

许多论文在研究限制写完后就真正结束了，但是以弱点来结束全文，并不是最优选择，因为这样可能导致文章变得虚弱无力。所以，如果对写作提出更苛刻的要求，就需要在结尾增加最后一个要素 —— 提出未来的研究设想。这个要素很重要，有必要单独列一节，因为它常常影响到论文的想象力。这里的想象力倒不是米尔斯（C. Wright Mills）意义上的想象力，而是意在让文章留有一点开放的空间，其内容可能是未来的研究，或者个性化的表述，又或者仅仅是语言的"留白"。

比较好的一种方法是在研究限制的基础上，对研究对象提出新的问题或研究设想，将之抛给读者，也留给作者自己，从而使文章具备某种想象空间。李艳红、龙强的《新媒体语境下党媒的传播调适与"文化领导权"重建：对〈人民日报〉微博的研究（2012—2014）》是一个很好的示范：

下一步，就 @人民日报这个案例而言，我们希望继续扩大观察的议题范围和时间范围，例如，可以扩大观察其在其他类型之议题如反腐以及在新近一些重大突发事件中的表现，以对 @人民日报所形成的传播模式进行更立体的认识，并希望可以继续观察目前这种实现了暂时平衡的传播模式在历时上是否可持续？哪些条件将打破这一平衡？其次，关于党媒在新媒体语境下的传播模式，新的案例仍在不断涌现，例如，由上海市政府投入巨资打造，并背负党媒在新媒体平台上之舆论引导功能的"澎湃新闻"就是其中一个代表，对这些"新党媒"的考察都将构成下一步研究的重要主题。探讨的核心仍然是，党媒的调适是否可能？如何可能？

另一种增加想象力的方式是在结尾处"留白"，充分刺激读者去想象研究的可能性。以笔者的《"可见的"共同体：报纸与民族国家的另一种叙述》为例。这篇文章论述了报纸成为塑造民族国家进程的新机制，主要观点是报刊不仅让想象国家成为可能，而且使得国家变成日常生活中可见的事物。文章的最后段落即试图引导读者去想象这种可见性政治的重要意义：

但我们不应被媒介的外表所迷惑，不能忘记报纸所发明的新闻在现代民族国家兴起时所生成的力量，以及新闻在未来仍将继续扮演的角色。当人们在新闻中找到同胞——无论是通过读报纸、看电视、使用互联网或手机，就不再会感到孤立无援；当空间可以被新闻透视、现代国家成为"可见的共同体"，神秘政治的存在就失去了合法性；进而人们就可以用较为精确的语言——而不是幻想式的比喻，去描述，去讽刺，去批判，去行动。一言以蔽之，一种现代政治生活的可能性就蕴涵在其中。

还有一种结尾采用的是非常个性化的表达，常常令读者意犹未尽。以孙江的《文本中的虚构——关于"黎城离卦道事件调查报告"之阅读》为例。文章不但在结尾处书写了一个新的故事，其结束语还是用第一人称写的：

  ……调查报告在事件性质上追认了黎城县党组织的结论，但于字里行间还是无意中透出了事件的真相。戴维斯（Natalie Zemon Davis）在其著名的关于16世纪法国赦罪者的研究中指出："把一个恐怖行为转化为一个故事是隔离自我与事件的一种方法，最差可以达到自欺的目的，幸运的话还能使自己得到饶恕。"就离卦道事件看，将自身行为和事件"隔离"也是事件引发者所采取的方式。与戴维斯的研究结果不同，本文的结论是：最差可以达到欺瞒上级的目的，幸运的话还能获得上级的褒奖。

  历史是表述的产物。在无法穿越时空的限制、亲临事件现场的情况下，我的重构工作肯定是不完整的，甚至还可能存在错误。但是，与调查报告和后人以此为本的再叙述相比，至少我的重构是迄今为止关于黎城事件最合理的一个解释。

  上面关于结尾的功能、要素和想象力的描述，充分说明了结尾的写作不是无足轻重的，相反，结尾有着独特的结构意义和阐释价值。总之，结论与讨论是论文的重要组成部分，包含不可或缺的众多要素，同时还能为研究留下引人遐想的意义空间。在写作结尾时，我们只有尽心尽力，保持耐心，才能交出一篇完整的论文，从而接近学术写作的终点。

第十讲
投稿与写作伦理：走向公共的知识

学术论文具有公共属性。一个学者所写的文章，最终目的是贡献于社会，并接受学术界和社会公众的评价。所以，论文完成后，一般要经过投稿、修改和发表的环节，将其转变为公共知识。不过，论文从初步完成到最终刊出，还有一些必要的环节，包括完善论文形式、投稿、修改、回应评审意见和审查写作伦理等。这段路程同样也不轻松，因为每一个环节仍要投入很多精力，特别是和评审意见的"拉扯"，可能是研究者面临的更大挑战。和写论文时的艰辛不同，投稿和修改的过程充满着不确定性，更需要定力和耐心。

一、完善论文形式

学术论文是一种成熟的知识形态，其形式经过多年发展，已形成了一套完备的规则。除了"缘起与问题""文献综述""材料与方法""经验分析""理论对话"和"结论与讨论"这六大部分之外，论文还有很多附属的要素，譬如标题、摘要、引文、参考文献等，它们均有各自的意义和写作的规则。在这些要素中，标题最引人注目，第一讲已介绍过其写法；摘要排列在标题和正文之间，是一篇论文的浓缩版。现代人无暇阅读长篇大论，摘要是继标题之后第二眼被读者看到的事物，很可能决定这篇文章会不会被浏览、下载和阅读。因此，在拟定标题和完成论文主体后，我们首先需要完善的部分就是摘要。

摘要一般由 300 到 500 字构成。写摘要的过程可能不会太顺畅，原因是很多作者在写完全文后已精疲力尽，即便只是一小段话，也容易引起内心的焦躁。好在写作正文时，我们已多次埋有伏笔，尤其是结尾部分的全文总结——包含研究对象、研究方法、研究问题和详细的研究发现等，和摘要可能有很高的重合度。因此，很多时候，只要回到结尾处的全文总结，在那段文字上略作修改即可形成摘要。

摘要虽篇幅不长，但要素不少，类似小型论文，因此要容纳研究合法性、研究对象、研究问题、研究方法、研究发现和理论价值等。实际上，一篇论文写完后，这些要素已经自然地呈现，此时，作者只需要多一些耐心和对语言的斟酌即可。

这里以笔者的《"中国"的一年：新闻、阅读与民族－国家在日常的兴起（1894—1895）》为例，对摘要的写作做细致分解。首先是用几句简短的话概括研究的合法性，作为摘要的开头：

有关近代中国民族国家或民族主义的研究已汗牛充栋。以往研究偏向以从上至下的视角，讨论民族国家的建构或民族主义的象征等主题。与之不同，本文将民族国家看作是普通人日常实践的产物……

紧接着的是介绍文章的研究材料、研究对象和研究问题。需要注意的是，研究问题常常用一句话的形式呈现：

……以晚清部分读书人日记为史料，聚焦1894年六月到1895年四月这个中国近代史上特殊的一年，尝试探索分散各地的读书人如何经由日常的实践，生成和确认国家的日常形式。

随后则是比较重要、需要详细介绍的研究发现，这是摘要部分的主要内容。研究发现的写法和结尾处的总结全文非常相似，需要一层一层地予以介绍：

研究发现，在"中国的一年"里，读书人主要通过阅读上海新闻纸追随战争进程，形成了全国性的关注；进而，在普遍的阅读实践上又生成新的交谈方式，"议论时事"成为重要的日常活动；更进一步，读书人还以"悲痛""愤怒"和"羞耻"三种集体情感"情动"于国家。

最后，还需要用凝练的语言阐述本研究的意义，告诉读者文章的主旨为何，用作收尾：

本文认为"中国的一年"中的阅读、交谈和情感实践，使得近代读书人第一次拥有了政治意义上的"同一个中国"。

通过这个例子可以看出，从研究合法性、对象、材料、问题、发现到意义等，顺着这个思路一路写下来，稍稍注意语言的凝练性，就形成了摘要。这是一种较为通行的思维。

再看看张咏、李金铨《半殖民主义与新闻势力范围：二十世纪早期在华的英美报业之争》的摘要，其思维仍然是围绕着研究合法性、研究材料和研究问题、研究发现和研究意义展开的：

后殖民主义研究着重探讨殖民者与被殖民者的博弈，却忽视了殖民体系中列强彼此的竞争。本文透过众多第一手资料，包括英美编辑的回忆录、通信及笔记、在华英文报纸，以及中国官方出版物，探讨二十世纪早期英美两国在华报业的意识形态角力。分析显示，在殖民化过程中，英美在华的报纸一方面凝聚其在华侨民，以巩固各自的利益，另一方面维护本国殖民扩张的行径，导致英美殖民势力在华重新分配，而整个殖民的格局也跟着重新划定。美国在华报纸秉承进步主义，高唱"门户开放"政策，与英国传统殖民政策针锋相对，开启新型的帝国主义意识形态，终于取代了英国在华的报纸优势。

再以王艳的《移动连接与"可携带社群"："老漂族"的微信使用及其社会关系再嵌入》为例。这篇文章摘要的顺序是研究现象、研究材料、研究问题、研究发现和研究意义：

随子女流动到城市、身体和心灵处于"双重漂泊"的"老漂族"构成当今"老龄化中国"一幅具代表性的图景。本研究基于对湖北省武汉市及鄂西某县老人们的网络民族志调查，试图探讨移动社交媒体的使用为"老漂族"的社会交往实践及社会关系再嵌入提供了怎样新的可能性。研究发现，"广场舞"微信群成为"老漂族"在流入地"落脚"、建立新的交往关系的入口，他们在网络社区里获得"亲如姐妹"的温暖情谊。他们因流动而断裂的旧的社会关系也通过微信的"携带"得到了持续的连接和维持，从而获得一种"流动的地方感"。而在不得不频繁移动、返乡的生活中，他们可以通过微信对老家和流入地的不同空间之间的连接和切换，协调流动、暂居、安居不同状态之间的张力。本研究在占主导的"数字鸿沟"范式之外，呈现了通常被认为是政治经济结构和互联网使用中的边缘群体——城市老年流动人口如何运用中介化的新传播科技能动地解决他们的社会交往困境。

解决了中文摘要的写作后，还有英文摘要。在保持意义一致的前提下，英文摘要的基本要求是语法正确、逻辑清晰、表达准确。摘要之外，还有关键词的选择。这个过程相对简单，一般由3到5个构成，其来源是标题和正文中反复出现的词语或领域名。关键词的主要功能是提高论文被搜索到的概率，所以要兼顾专业性和广泛性。关键词要尽量呈现以下几方面：文章的研究背景，如"近代中国""改革开放"；研究对象，如"《人民日报》""五四运动"；学术概念，如"民族主义""关联政治""半殖民主义""移动性"；涉及人群，如"老人传播""学生群体"等。

最后，文章还要完善文献的引用格式，确保准确一致。文献引用看似简单，却是学术写作中常常出错的细节，影响论文的整体观感。出错的原因一方面是文献形式多样，引注复杂，引用图书、期刊、学位论文的要求又各有不同；另一方面还是作者的用心程度不够。所谓"细节决定成败"，一篇文章提交后，作者是否用心，可能从引注格式上就能一眼看出。所以引文和注释并不是一桩小事，而是作者学术素养和写作态度的试金石。

当下的中文学术论文主要采用两种引用格式，一种是脚注或尾注格式，另一种是美国心理学会（简称 APA）格式。两种格式没有优劣之分，需要看期刊或学校的规定，选择一种即可，但无论哪种格式，都要保证引文的准确性和前后的一致性。

一般而言，脚注或尾注的格式在人文类文章中更为常见。这种格式规定，只要有引文出现，即需在页面下方或文章结尾按序号写清文献的来源，有时候也可用来添加在正文中不便出现的解释性内容。这种引用方式，特别是脚注，多为直接引用，比较一目了然，读者能够随时看到文献的来源，但缺点是占用的篇幅可能较大。脚注或尾注的大概构成是：作者、书名或论文题目、译者、出版社和出版时间 / 期刊名和年卷期、页码等。这几个要素基本上是固定的，但写脚注或尾注时要注意的细节不少，比如：作者是外国人时是否要标出国籍？是否要标出外文名字？碰到多个作者的情况怎么标注？若是论文集如何处理？英文期刊论文的标题是单引号还是双引号？英文需要用斜体吗？出版社地点是否需要标注？期刊的卷号和期号怎么写？页码采用何种形式？各种要素虽然看起来简单，但细究起来还是有很多规范性的要求需要留意。

另一种是 APA 格式，在英文写作中较为通用。近年来，随着中国期刊尝试与国际接轨，这种格式在中文期刊中也越来越流行。与脚注或尾注不同，这种引用格式在正文中只需要列出作者和年份即可，用括号标出，如"（卞冬磊，2024）"。这种形式的引用，有很多是间接引用。如果是直接引用书籍内容，还需要加上具体的页码。至于书籍和期刊的具体名称、译者、出版社、页码等信息，则集中地按顺序排列于文末的"参考文献"。这种方式较为节约版面空间，但是也有不够直观的缺点。

如今文献的来源、种类愈发多样，远不止于书籍和期刊，还有报纸、档案、在线网页等，这些类型的引注形式有时没有固定规则，会随不同期刊、不同学校学位论文的要求而有所变化。我们需要保证的是遵循基本规范，但又能随机应变，使之符合特定的要求。

在摘要、关键词、引用格式都一一过关后，一篇完整而规范的学术论文就接近完成了。此时，还可以做一些收尾工作，譬如调整论文字体、行距等，目的是给读者带来好的阅读感受。作者是文章的第一位读者，要确保交出去的论文是自己最大努力的结果。所以，在提交之前，还可以再做两件事。一是转换论文的载体，将电子文档转换为纸质文稿，再次对全文进行通读。与电子文档不同，纸质文稿具有稳定的质感，逐字逐句的阅读可能会使你发现很多之前被忽略的错误。二是适当冷却，创造一种"陌生化"的感觉。这句话的意思是，文章完成后，可以稍微将自己从文稿中抽离出来。因为沉浸太久，有时候人会失去判断力，因此冷却两天再去阅读和校对，作为交作业或者投稿前的最后一步，可能会有新的灵感。

二、投稿、修改与回应评审意见

与"内向型"的学术写作不同，投稿意味着向外和学术界打交道。这个过程有时候是十分恼人的。投稿是一件碰运气的事，遇到糟糕的匿名评审，或者稿件不符合编辑部的口味，这都是常有的情况。我们要习惯投稿中的种种不确定因素，尽量少受其影响；同时，将自身可以控制的因素做到最好，譬如，仔细研究文章与拟投稿期刊的匹配性、学习期刊的格式、尽心修改论文、积极回应评审意见等。投稿、退稿、再投稿、收获评审意见、修改、刊登，这一系列的过程对很多刚踏入学术界的人而言，是自我提升的好机会，特别是幸运地遇到好编辑和负责任的评审时。

作为一名投稿者，首先要了解学科内期刊的特点。对期刊风格的敏感度和我们的学术判断力相关。譬如新闻传播学科的中文期刊，一直有"四大刊"的说法，分别是《新闻与传播研究》《国际新闻界》《新闻大学》与《现代传播 — 中国传媒大学学报》。其中，《新闻与传播研究》最受研究者重视，其优点是兼容并包，缺点是竞争激烈，审稿周期长。《国际新闻界》同样有很强的影响力，其特点是选题灵活，更显新锐，尤其偏好传播理论和思想史方向的文章。《新闻大学》的风格和上述两本期刊类似。《现代传播 — 中国传媒大学学报》每期文章最多，其独特性是会刊登一些传媒艺术类文章。还有一些很有特色的期刊，譬如《新闻记者》，其风格则偏向新闻实践，对媒体转型、日常生活等方向的文章较为友好。此外，香港和台湾还有数本传播学中文期刊，近年来尤以《传播与社会学刊》最有影响。本书选取的很多例文来自该刊，主要原因是笔者认为该刊审稿公正，文章规范，比较适合初学者模仿和学习。

期刊的风格与其历史、地域、主办单位甚至主编个人，都有或隐或显的关系。了解期刊的取向和风格，投稿会更容易被采纳。因此，在投稿前，作者会有一个将文章和期刊匹配的心理过程。以笔者为例，较为纯粹的新闻史文章主要投向《新闻与传播研究》，传播理论和思想史文章投给《国际新闻界》与《新闻大学》，一些具有创意的经验研究或批判研究投给《传播与社会学刊》，而叙事性较强的历史类文章投给《二十一世纪》。若文章和期刊风格匹配，一方面可以提升投稿的命中率，另一方面也分散了稿件的去向，形成多元化的发表状态。

按照期刊的要求调整好格式、上传完投稿系统后，作者就只需要等待了。一篇已写完的文章，其实已经是过去式了，审稿周期漫长，不如抓紧投入下一个议题中，以保持研究的持续性。

作为学术界的新人，最可能收到的信件是退稿信，这几乎是每个研究者成长的必经之路。一般而言，编辑部会对来稿予以初步评价，如果风格不适合或者水平明显达不到要求，则会很快退稿，并可能只有简单的退稿意见。面对这种情况，我们要保持平常心，并有屡败屡战的心态，可以继续寻找更合适的期刊再投稿。

第二种常见的情况是修改后再审。如果文章符合学术规范，有一定的学术价值，并且风格与投稿期刊匹配，那么作者很可能会收到修改后再审的意见。这是一种很不错的状态，因为为稿件寻找合适的匿名评审非常耗费资源，对期刊和评审者个人来说，给出修改后再审的机会是比较谨慎的。修改后再审，也许就意味着文章刊登的概率超过了50%；不仅如此，我们还可能得到一份修改意见。如果你的评审者足够认真，那么恭喜你，你将在与评审意见的对话中获得成长。

这里以笔者的《路上无风景：城市"移动空间"中的交流》为例，说明如何解读、归纳和回应评审意见。在向《传播与社会学刊》投稿约两个月后，笔者于2018年7月19日收到编辑部来信：

卞教授大鉴：

您投给《传播与社会学刊》的论文《路上无风景：城市"移动空间"中的交流》（Ref.: 1061968），我们已经收到两位评审的审查意见。两位评审均认为您的论文有相当的学术理论价值，但也有若干缺失，需要修改后再审。寄上两位评审的审查意见，请您依照他们的建议修改。

如果您愿意依照两位评审的建议修改您的论文，请在 7 月 24 日以前告知本刊，并在 8 月 19 日前将修改好的论文送交本刊。请您在修改稿中用不同颜色标明您做出的改动，以便评审及编委会审阅。同时，也请附函逐条说明您如何依据两位评审的建议修改您的论文。

寄上两位评审的评阅意见，供您参考。

收到编辑部的信是令人鼓舞的，因为这封来信充分展示了期刊对投稿者的尊重。办刊越是规范的期刊，就越能公平地对待投稿者，无论你是何种身份，都以文章质量为第一标准。来信还告知了修改要求和修改时间，非常清晰。两位评审的初审意见相当详细，为节省篇幅，这里只列出评审意见一用于分析，共有 8 条：

这篇文章的选题相当重要，具有明确的理论意义。选题既牵涉到长时段的议题（现代性），也有明确的现实指向，在移动技术对城市交流的影响这一问题域之下，涵盖着大量的议题，导致选题的挑战性非常大。作者穿梭于不同的理论和文献之间，展示出非常强的理论素养和扎实的文献储备。文章的论述流畅，在大量的文献引证之中，有不少闪光点。但从研究焦点、论证等方面，文章还存在以下有待改进或值得商榷之处。

1. 文章题为《路上无风景：城市"移动空间"中的交流》，落脚在"交流"上，其核心限定是"城市'移动空间'"。摘要第一句将研究目的概括为"批判性地审视了移动技术对城市交流的影响"，紧接着将移动技术聚焦在"现代交通系统"上。照此看来，文章的焦点是以现代交通系统为核心的"移动"技术以及它所造就的"移动空间"。但在整篇文章中，作者的讨论从移动技术、移动空间过渡到"移动媒体"，而最后一节中"对移动的两种抵抗"又似乎在处理一种一般性的存在状态。因此，文章似乎以"移动"为核心，但却触及不同的"移动"内涵以及不同的经验指向，在最微观的层面上，也至少涵盖现代路面交通技术（私家车、地铁、火车/高铁）和移动媒体（手机），这令文章的讨论在很多地方"失焦"，显得散漫无着。

2.另一个问题是，作者在这篇文章中展开讨论的时空坐标和社会情境是什么？（当代？中国？）表面上来看，作者是在讨论当代的问题，例如跨省上班、"复兴号"提速等，但作者在时空上的参照系却更为久远，有时候是中世纪，有时候是古典时期，又或者是"在汽车、火车、电车得到发展的19世纪以前"。在此意义上，作者是在对一个相对长时段的"现代性"现象展开纵深的历史分析，还是有更清晰的当代指向？这一点似乎不够明确。

3.在文章前半部分的分析中，作者在大多数地方将私家车、公共汽车、地铁、高铁等移动交通工具混为一谈（除了"避免交流：在人流与车流之中"一节区分车流和人流，对此下面会涉及），放在一起进行讨论，忽视了它们彼此之间的差别。例如私家车和地铁/高铁在隐私和公共性上的区别，道路交通（私家车、公共汽车）与轨道交通（地铁、火车）的区别，以及普通列车与高铁之间因速度不同而造成的影响，都因这种混淆而无法进行细致的探讨。这使得文章在很多地方在过高的抽象层次上泛泛讨论移动技术展开的场景及其社会文化影响，某些论述显得较为空洞浮泛。

4.作者对各个领域的学术文献有着非常好的掌握，很多时候都能在文中信手拈来地运用。但文章不少地方也存在着以"引证"取代"论证"的倾向……（此处删除诸多例子）概括而言，以引证取代论证导致了两个结果：一是文章不少地方显得不够流畅连贯，给读者造成一定的阅读和理解障碍；二是文章的论述似乎更多是对前人观点的综合，而缺乏充足的原创性。

5. 在移动或流动之外，论文的另一个关键词是"交流"。在"避免交流：在人流与车流之中"这一节，作者对交流——或者更准确地说，"避免交流"——的现象做了较为详尽的讨论。这一节的分析大致可以区分为两个部分，第一部分讨论私家车，第二部分讨论公共交通。相较而言，第二部分对公共交通中人们共同在场却不交流的现象展开的讨论和分析较为清晰，而第一部分的讨论则较为含混，特别是在第二部分的"交流"明确指向人与人之间的交流的前提下，第一部分的"交流"到底指的是什么？如果说"避免交流"的主体（"避免"一词的施动者）是"人"，那么第一部分的讨论在什么意义上触及了"避免交流"这一问题？或者说，在"裹了一层金属外壳"的茫茫车河——陌生人的聚集——之中，人们是否必须做什么才能"避免交流"？

6. 文章在接下来的一节中，从"避免交流"更进一步，讨论"移动媒体的介入"如何令"不交流自然化"。这一节的核心观点是，在移动空间使用移动媒体，是对一个非意愿性聚集空间的"逃离"，其结果是：人们彼此默认的"避免交流"，从一种感官的自我控制走向了完全的"自然化"。这是一个有趣的观点，但很遗憾，作者在该节接下来的篇幅中并没有呈现出这一观点的证据。作者梳理了从阅读书报等可携带媒介，到戴上耳机收听广播或音乐，再到使用手机这一移动媒体的变迁。问题是，移动媒体的介入与书报阅读等方式有何区别？还是说它们没有本质的区别？更重要的是，在何种意义上，移动媒体的介入导致了"避免交流"的完全的"自然化"？

7. 与"移动"这一概念内涵含混相关联的问题也表现在文章的最后一节，"更快或回家：对移动的两种抵抗"，这里的"移动"指的是什么？是移动技术，还是现代社会的"移动"（"流动"）状态？

8. 文章引述《跨省上班记》，每一节皆引用一段，使论述显得生动，也颇能点出文章论述的要点。但在好几处，作者对《跨省上班记》的原文皆有改动，而这种改动没有标示出来……（此处删除诸多例子）

这里之所以较为完整地呈现了评审意见，是因为该意见十分专业详细，一定耗费了评审的很多精力，体现了学术共同体的价值。对作者而言，能够得到专业的评审意见是幸运的，不仅有助于提升文章质量，还能在后续对话中进一步提升自己的学术水平。

接下来，首先要判断评审意见是偏向积极还是消极。显然，第一段文字肯定了文章的学术价值；在具体的 8 条意见中，虽也有"空洞浮泛""缺乏论证"等较为严厉的批评，但并不"致命"，评审没有在根本上否定文章的立论，由此可以综合判断，评审意见整体是积极的。随后，要仔细揣摩每条意见，将其分门别类进行归纳。有的意见指向格式问题，很好修改；有的意见略显棘手，但可以完成；有的意见很难回答，几乎无法修改。需要说明的是，即便遇到评审意见中有不少难以修改之处的情况，也不意味着一定会被拒稿，只要作者在回应中给出合理的解释即可。具体到这篇文章的评审意见，笔者将其归为三类：第一类包括第 1、2 条，这是对整篇文章的批评，修改难度相对较大；第二类包括第 3、5、6、7 条，这是对文章各部分的具体意见，问题多由阐释不清造成，修改这类问题需要进行细致阐释；第三类包括第 4、8 条，属于引用问题或者简单问题，修改难度较小。

在对评审意见有了整体的把握后，就要按评审意见对文章进行一一修改。很多人说，修改文章比写文章更痛苦。确实，在间隔了一段时间之后，回过头来再次扎进自己过去的研究之中，会让人倍感焦虑。这时，必须克服这种消极心态。我们可以想象，文章若刊登就变成"白纸黑字"了，不应该有这么多不足，而此时尚有机会完善。怀着这样的敬畏之心，可以促使自己在力所能及的范围内尽力做好。在修改文章的同时，还要认真回应评审意见。笔者的回应如下：

尊敬的评审老师：

感谢您详细和专业的意见，我受益匪浅。修改文章是与自我的激烈战斗，虽令人感到有些棘手，但也促使自己再次尝试去理解和突破。我反思，本文最大的问题在于理论和经验之间的匹配性不足。由于缺乏实证，只依赖日常观察、新闻报道和个人体验，却又试图回应较为一般性的理论，因此某些论述显得浮泛。在修改中，我努力修正文章的这些问题，希望有所改善。以下针对您的具体意见，一一回复如下。

1. 关于"失焦"问题。如您所说，本文的核心问题是"交通技术创造的'移动空间'及其交流"。确实，行文中涉及的"移动"繁多——移动技术、移动媒体、对移动的抵抗等，读来令人缭乱。对于这一点，我觉得这与"移动"自身的多义性及人们的使用习惯有关。本文所指的"移动"，是以人为物件的身体在空间上的位移。相较而言，手机作为"移动媒体"的说法，其实不在此范畴。为了纠正这种印象，我在行文中尤其是第一、二部分，尝试更多使用"交通"取代"移动"；在后面涉及手机时，更多使用"适于移动"或"可携带媒体"。至于对移动的抵抗，此处的"移动"所指是以上下班为主的移动实践，仍在身体的位移范畴。希望这些变化能够引领读者更容易找到焦点。

2. 关于"时空坐标"和"社会情境"。这确实是一个非常有意思也十分重要的问题，您的意见促使我进一步思考移动现象的历史和当下。再次翻阅城市史等相关文献，我确认了文章涉及的几个关键时间节点：首先是 19 世纪，工业化和城市资本主义触发了交通对城市的改变；20 世纪中期以后，则是私家车的兴起以及更大规模轨道交通的出现；手机介入移动空间则是当下几年的现象。因此，文章论及的移动现象有一个历史化的过程，但又有各自变化的节点。不过，在一般意义上主要描述的是当代经验，对照的则是 19 世纪以前的城市，因此可以说是一种对较长时间范围内的现代性经验的纵深分析。

3. 关于交通工具的差异。此点在原稿中确实区分不够。修正稿中强调的交通技术主要是用于通勤的城市私人汽车和地铁这两类交通工具（也包括新闻主人公乘坐的短途高铁）。在论述移动技术对城市空间的整体改造时，有时并不区分；但当需要阐述不同时，就分开叙述，比如汽车、地铁改造空间的差异，乘坐时人对环境的不同体验等。

4. 关于"引证取代论证"。非常感谢您指出此点，这其实是我向来的弱点，有时"只在此山中，云深不知处"，所以这不仅是文字问题，也是思维方式的问题。近年来，我一直在反思自己的这种写作方式，有一些进步，比如加强了对历史维度的观照，但还远远不够。就这篇文章而言，除了思维方式问题，我觉得还与选题、研究方法有关——就是我开头点出的理论和经验的匹配性问题，因

171

此文章会出现文献多、不通畅以及个人叙述"词穷"的现象。在修改中，我删除了不少文献引用，尝试用自己的文字和经验来论证，尤其是第二、三部分，希望能有所进步。

5. 关于私人汽车的"避免交流"。修正稿对其予以明确。本文认为，私人汽车与公共交通不同，在公共空间中也能保持匿名性。从交流看，私人汽车在行驶中只鼓励最低限度的交往——回应信号。除此之外，别无其他交流的意义。换言之，私人汽车从形式上就不鼓励任何的交流——人的接触、停留和交谈。它就是一种制造个体化的、避免交流的技术。

6. "自然化"这一段落，原稿确实存在语焉不详的情况，也是本文重点修改的部分。修正稿进一步对可携带媒体进行了历史化叙述，指出从书报到电子产品特别是手机的变迁，但同时强调连续之中有"断裂"性，即手机的介入是一个全新现象，其断裂之处在于，读书、看报以及戴耳机等行为，在交流中往往是单方面的中止；而手机的使用是全民共有，形成一个封闭的、互不干扰的空间，这就解除了人们控制感官的努力和社会文化的威胁，所谓自然化，即在这个层面上。

7. 关于引用新闻报道的完整性。原稿为防内容过长，做了删略处理。这种方法确有不妥，因此修正稿对相关内容予以全部引用。

文中大段的修改部分，已用蓝色标出；同时，作者删繁就简，局部有很多细微的改正，希望文章的流畅度有所提升。

最后，再次感谢您的辛勤付出！

此处不厌其烦地列出了笔者的完整回复，意在展示其中的写作形式、思维痕迹和写作心态等诸多要素。在回复评审意见时，应注意以下三点。第一是要感谢评审的付出。学术界的评审工作大多是无偿劳动或者报酬很低，在时间匮乏的时代，有人愿意阅读你的文章并给出建议，是难能可贵的，这也是学术界的良好传统，因此要心怀感激。第二是要逐条回复评审意见。在接到意见后，自己做了哪些工作？是如何做的？在文章中如何呈现？有哪些没有做？为什么？这些都要非常真诚地写出来。实际上，这就是学术对话和自我成长的过程。第三是要不卑不亢，平等交流。对评审做出浮夸的吹捧，或者不顾研究实情完全按照意见修改，这也是不必要的。匿名评审虽然对文章有一定的评价权，但交流应该始终是平等的，而不应一味迎合。

经过约一个月的修改，笔者将修改后的文章和修改说明提交编辑部。两位评审给出了新一轮的评审意见，譬如要求加强理论阐释等，但意见总体已温和很多。笔者此时信心大增，趁热打铁，将文章再次修改后提交编辑部，2018年10月23日，编辑部决定接收该论文。

投稿可能遇到的第三种情况是两位评审意见相左，按惯例需将论文送至第三位评审。一般而言，第三位评审的意见对稿件刊登与否具有重要的参考价值。第四种情况是评审意见为略作修改直接刊登。一般来说，这种情形较为少见。以笔者为例，迄今只遇到过一次，即《"中国"的一年：新闻、阅读与民族-国家在日常的兴起（1894—1895）》这篇文章。两份评审意见都非常积极，遇到这种情形是令人欣慰的，但作者仍要抓住机会，认真对待评审和编辑部给出的意见，并再次完善文章。

综上所述，投稿、修改和回应评审意见，是研究者与学术共同体展开对话、自我提升的过程。我们对待评审的意见一定要认真，最好把意见归类并逐一修改和回应。对不同的意见也要进行不同的处理，有的意见是针对格式细节的，需要做到仔细和规范；有的提出了重要的方向，需要花功夫精心论述；有的是不太合理的意见，要真诚地解释为什么没有修改；对合理的但难以解决的问题，也需要如实告知文章的界限或者后续研究的打算，不一定所有问题都集中在一篇文章中解决。

最后，如果文章顺利通过评审，在刊登前，编辑一般会发送PDF版本，让作者确认格式、文字等细节问题。这时候也许是写论文这件苦差事最令人愉快的一刻，因为写文章、投稿、回应评审意见的过程真是耗费心力，只有到最后的校对时才有苦尽甘来之感。写作不易，希望我们都能够多一点儿这样的感受。

三、写作的伦理

学术写作的伦理隶属于研究伦理，服从于原创性和真实性这两个最基本的原则。此外，写作还有一些独特的要求，主要体现在引用和投稿环节。

论文中常常需要引用别人的成果，有的是直接引用，有的是间接引用。在这个环节，首先是要尊重原文，少用转引。当下是资讯发达的时代，很少有找不到的资料。所以，遇到查找难度较大的文献，要学会求助，譬如利用图书馆的文献传递、在网络上求助等，最好找到原文。翻看原文而不是转引，有利于了解引文的语境，减少转引可能带来的错误。其次，要多作直接引用，少作间接引用。直接引用就是使用文献的原话，在引用时通常需要定位到页码，相反，概括式的间接引用则通常不需要页码——这种情况在 APA 格式中较为常见。在初学写作时，我们要尽力做到凡有引用，必有页码。只有这样，才能最真实地反映阅读情况，减少装饰性文献的比例。最后，要做到引用准确。这个要求很考验研究者的耐心，耗时费力。我们在前期寻找文献、摘录文献时就要对页码、出版信息等细节进行准确记录，方便写作时及时标注。

在投稿环节，最重要的伦理要求就是一稿一投了，也就是说，同一时期内文章只能投给一份期刊。除非期刊给出了明确的退稿意见，或者达到编辑部规定的投稿期限而未收到任何信息，才能转投他刊。目前，中文期刊的审稿周期普遍在 3 个月左右，有的甚至长达半年，这对投稿者的耐心是一个挑战，甚至会影响一些时效性较强的稿件的发表。但期刊处理稿件需要耗费很多资源，譬如寻找评审，一稿多投将严重损害学术界的利益，因此在没有太好办法的情况下，投稿者只能耐心等待，并多做一些经得住时间考验的研究。

到了发表阶段，最有伦理争议的则是论文的署名。对于合作文章，谁应该是第一作者，谁应该靠后，这个问题较为复杂，在不同类型的学科中有不同的形式。争议常常出现在合作研究或师生为共同作者的文章中，前者容易有知识产权矛盾，后者常会有侵占成果之实。在人文社会科学研究中，署名一般遵循谁主笔谁在前的原则。署名是一个关乎伦理的事。合作研究中的强势者，需要靠道德约束自己，不要侵占他人成果；而弱势者也要学会自我成长，努力将自己从研究中的客体变成主体，能尽快独当一面。如此，才可能形成一个相对符合伦理的良性合作关系。

到此，本书的学术写作之旅就走到了终点。我们从小学时就开始学着写作文，从看图写话、记叙文、说明文到议论文，逐渐涉猎；但是到了大学，似乎这个技能就不再发展了。说到底，相较于研究方法、研究设计，学术写作是内向型的实践知识，不容易系统表达；学术写作也是比较个人化的事情，虽然其形式遵循着一定的逻辑，但每个学者都有自己的习惯，没有放之四海而皆准的通则。因此，本书只是作者呈现给读者的一段学术风景，能否从中获得启发，并内化为自然的思维，还需要读者自己去实践。

"好记性不如烂笔头"，多思考，多动笔，准没错！

附录
对一篇文章写法的分析[1]

1 对相关论文进行文本细读,是学习学术写作的重要方法,这是一个从模仿到创造的过程。这篇文章是历史类论文,同时也有一定的社会科学风格。

"中国"的一年:
新闻、阅读与民族 – 国家在日常的兴起(1894—1895)[2]

摘要:有关近代中国民族国家或民族主义的研究已汗牛充栋。以往研究偏向以从上至下的视角,讨论民族国家的建构或民族主义的象征等主题。与之不同,本文将民族国家看作是普通人日常实践的产物,[3]以晚清部分读书人日记为史料,聚焦1894年六月到1895年四月[4]这个中国近代史上特殊的一年,尝试探索分散各地的读书人如何经由日常的实践,生成和确认国家的日常形式。研究发现,[5]在"中国的一年"里,读书人主要通过阅读上海新闻纸追随战争进程,形成了全国性的关注;进而,在普遍的阅读实践上又生成新的交谈方式,"议论时事"

2 文章的正标题受到沈松侨《中国的一日,一日的中国——1930年代的日常生活叙事和国族想像》一文的影响,主要功能是修辞,但也指代着1894—1895年这个"中国的一年",副标题用"与"的并列形式,较为常见,可以容纳更多的研究要素。

3 摘要的开头几句,常常需要言简意赅地阐明该研究具有的创新性,是微型的合法性论证。

4 这里的六月、四月指农历月份。下文汉字数字形式的日期都是农历时间。

5 研究发现是摘要的主要内容,要有层次地将其概括出来。

成为重要的日常活动；更进一步，读书人还以"悲痛""愤怒"和"羞耻"三种集体情感"情动"于国家。本文认为"中国的一年"中的阅读、交谈和情感实践，使得近代读书人第一次拥有了政治意义上的"同一个中国"。[1]

关键词：民族-国家，读报，交谈，情动

1 摘要的结尾一般要阐释个案的学术意义。

引言 作为日常实践的国家

1895年的三、四月，是近代中国的"多事之春"。[2]四月初六，新晋翰林院进士蔡元培，在京师得知朝廷与日本签订"和约十事"，"痛哭流涕长太息"（王世儒，2010：31）。同一天，居于浙江温州乡下的举人张棡，读到了三月中旬的《申报》，知悉议和"确音"，深感"国耻"，"阅竟为之一叹"（俞雄，2003：24）。而在江西和湖南之间来回奔波的举人皮锡瑞，从三月廿六起就持续关注着这件事，并不断与友人谈"时事"，愤怒伤心之余，有"亡国之兆"的感叹（吴仰湘，2015：400）。

2 这是场景化开头。第一段用三个人的经历展现了同时代人阅读新闻纸、关注战争进程的社会现象。

陈旭麓（1992：154）说："1840年以来，中国因外患而遭受的每一次失败都产生过体现警悟的先觉者。但他们的周围和身后没有社会意义的群体，他们走得越远就越是孤独。"[3]时移世易，上述三位读书人，所在省份不同，人生际遇差别亦大，虽然谈不上是什么先觉者，却也不再形单影只。事实上，翻看当时许多读书人的日记，类似这样的阅读、交

3 这个引用有两个作用：一是为场景化开头增加学术感；二是和上一段的场景形成对照，以便提出研究问题。

谈和心情，殊为平常。对此，我们不禁要问，[1]在 1895 年的春天，分散各地的读书人为什么可以同时关注战争与议和？实现这种同时性的社会条件是什么？他们的日常生活发生了哪些变化？进而，对国事和国耻的持续关切对近代中国人的国家认同（nationhood）有何意义？[2]

学术界关于历史中国民族主义（nationalism）、民族国家（nation）的研究彼此纠缠，形成两种不同的认识论。[3]一些研究者认为，中国很早就产生了民族主义思潮。譬如，吕思勉（1948：35）即曾说，"民族主义，原因受异族的压迫而起。中国自宋以后，受异族的压迫，渐次深了，所以民族主义，亦渐次勃兴"。这种认识论倾向于在漫长的中国历史中发现"原初民族主义"（proto-nationalism）。近年来，因 Duara（1993）将中国界定为"自我意识的政治共同体"（self-conscious political community）和葛兆光（2011）"从周边看中国"而尤引人瞩目。这自然挑战了另一种更常见的认识论，[4]即民族主义是欧洲近代的产物，"前现代中国所认同的是文化和历史传统，对什么是 nation 毫无概念，因此，这种文化主义与基于现代'民族国家'概念之上的民族主义毫不相干"（方维规，2002）。许多研究者自觉采用这一范式书写近代中国的历史。近年来，随着对"天下""国家"和"世界"等概念的分析（金观涛、刘青峰，2006），进一步强化了 1895 年作为开端和转折的意义。[5]总之，"深重的灾难同时又是一种精神

1 这个写法经常出现，可以将读者带入文章中，意味着由现象反差到提出问题是很自然的事。

2 要注意所提出的问题的层次性，尤其是最后一个问题。最后一个问题最好将现象上升到知识脉络，以便接下来有一个小型的知识回顾，并展开研究合法性论证。这篇文章是将现象放到了民族主义、民族国家的知识脉络中，论文由此有了一个知识领域可以依靠。

3 本文是历史类文章，这类文章一般不出现专门的文献综述，所以知识回顾就集中在开头部分了。若是社会科学论文，这里就只需要小型的知识回顾。然而，不管形式如何，综述的写作逻辑都是纵横交错——既要有视野，又要"下台阶"逐步逼近具体问题。具体说来，这一部分的起点是"中国民族主义"的相关文献，终点是"阅读"作为民族-国家意义生产的机制，读者可以看看从起点到终点设置了几层台阶。

4 这里在两种认识论的文献之间建立了联系，学术写作也要注意起承转合。

5 文献综述的写作要注意研究领域在时间上的发展变化，即纵向延伸。

上的强击，它促成了鸦片战争以来中国民族认识的

巫变"（陈旭麓，1992：154）。

有一些解释可以稍稍缓解两者的矛盾。[1]伯林
（Isaiah Berlin）（2009：246—247）指出："民族认同
的意识也许就和社会意识本身一样古老"，但在"远
古时期或古典时期，似乎就没有出现过什么民族主
义"。具体到中国情境，[2]则又如罗志田（2011：12）
所说："中华民族的认同感早已凝固而无需强化，但
对一般中国人来说，这个民族认同感恐怕更多是像
章太炎所说的那样潜藏在心中，远未达到'活跃而
自觉'的程度。如果不出现大的内忧外患，大约也
就会基本维持在潜存的层面。"换言之，在历史中国
的各个时期，民族意识普遍存在，但其被激发出来
的条件不同。因此，宋代中国的民族认同和清代中
国有着极大的差异，特别是19世纪末，清代所面临
的是一个全新的世界秩序。[3]

本文认为，"民族主义"谱系的概念复杂多面，
难以捕捉一个稳定不变的意义介入到普遍的历史。
若要加深对这个议题的理解，更好的办法或是另辟
蹊径：我们能否悬置对共同体性质的追问，并从宏
大叙事、既定概念和自上而下的研究惯例中走出，
进入特定历史时期一般中国人的生活之中，去探究
民族–国家在日常的实存状态？[4]

只要对民族主义的研究进路稍有了解，就可知
晓此种路径的来源。1995年，Billig（1995）跳出宏
大叙事，[5]开始关注日常生活中各种平淡无奇的民

1 学术写作常使用总分的结构，一般段首亮出主要观点，然后分而述之。这种写法可以让读者更容易理解文本。

2 当文章的视线从一般性的论述转向中国自身的情况时，可以用这个表述过渡。

3 以上都可以看作是第一层次的文献，较为宏观地展现了关于近代中国民族主义的三种认识论。综述在最后转向清代，以便接近本文的研究时段。

4 这一段话很关键，不再纠缠中国民族主义的起源时间，而是迅速转向第二层次的文献——日常的民族主义，这和本文的理论落脚点非常接近。

5 第二层次的文献开始出现。

族主义（banal nationalism）形式，譬如天气预报的用语、报纸的标题、体育比赛的解说等。在此潮流的引领下，"出现了一种在族群和民族问题研究上脱离仅关注精英方案的'宏大叙事'，转而系统地研究大众信仰、情绪和实践所起作用的趋势"，研究的重心变成"普通的人民以他们自己的方式，并在他们的日常活动及交流过程中创建出民族和民族认同"[1]（史密斯，2011：84）。近年来，学者们又进一步，改进了banal nationalism研究范式的文本取向，发展出一种以人的行动为主体的"日常的民族主义"（everyday nationalism），更加强调实践对民族国家的生产意义（Knott，2015；Fox & Ginderachter，2018）。[2] 对此转向，Fox & Miller-Idriss（2008）曾提供了颇有启发的方法论，而认为国家存在于以下实践之中："谈论国家"（talking the nation），在日常谈话中完成对国家的话语建构；"选择国家"（choosing the nation），对国家的认同潜藏于人们所做的选择；"表现国家"（performing the nation），用仪式化的符号形塑对国家的感觉；"消费国家"（consuming the nation），以日常消费习惯建构和表达国家间的差异。

　　回到中国历史场景，本文尝试循着上述路径，以晚清几位普通读书人的日记为史料，以1894年六月到1895年四月这个十分特殊的"中国的一年"为时限，探索近代中国的民族-国家如何经由读书人的日常阅读、交谈和情动（affect）而被创造。[3] 本文的题目"'中国'的一年"，直接受沈松侨（2009）《中

1 在引用文献时，关键性的引文尽量直接引用，少间接引用。

2 再一次使用纵向延伸的方式综述文献，展现了该领域的发展，同时也引出了第三层次的文献，即从文本转向实践，而这正是本文的切入点。

3 这句话是文章的自我陈述。在缘起与问题或文献综述之后，往往要以一个陈述句清晰地告诉读者，这篇文章要做什么、怎么做。用一句话概括论文的任务，是一种自我训练的好方法。

国的一日，一日的中国——1930年代的日常生活叙事和国族想像》一文的启发，但与他分析众多普通中国人书写的文本不同，本文的提问围绕着实践展开，即：在甲午战争与乙未议和期间，晚清读书人如何获取新闻？如何谈论时事？对国家产生了哪些情感？在上述问题一一解决后，本文还想探讨新闻纸这种新媒体之于"中国"的意义，以及它是否持续影响了读书人对国家的感知或仅是昙花一现而只有"一年的中国"之意义？[1]

获取新闻：电报、新闻纸与口头网络[2]

（正文略去数段）[3]

由此，电报、新闻纸和口头网络，构成了当时社会传播的物质基础，这三个网络在横向结构上，分别连接了上层官员、普通读书人和社会大众等不同身份的人群。[4]人们所倚仗的网络资源不同，造成信息获取的时间和丰富程度的差异。在纵向结构上，这三个网络并非彼此隔绝，而是存在由上至下的渗透关系：电报被新闻纸予以积极利用，读新闻纸的人不断与他人交谈，又为口头网络源源不断地提供消息。这种纵横的联系，促成了甲午乙未时期社会的一体化，其中，新闻纸扮演了核心角色，是形成全国性震动的主要原因。

1 这里再次进行了提问，相比开头时，问题更为精确，层次感也更强。要注意的是，这些问题一一对应着文章后面的四个部分，具有清晰的结构指引性。在社会科学论文中，这一系列问题常常出现在文献综述或者研究方法部分的最后。

2 文章的主体由阅读、交谈、情动三个部分构成，由三个小标题分为三节，这是作者在史料中发现的三个最显著的日常实践。这种组织方式可以算作一种用人为建构的逻辑组织材料的方式。

3 论文主体的文字较长，故删除了部分内容。下同。

4 此处将文章涉及的五个人分成三类叙述，实际上也遵循着空间逻辑中的上、中、下顺序。

表一　五位读书人对战争新闻的获取[1]

人物	身份	地域	主要媒介	事件进程和阅读时间		
				开战	平壤战败	议和
翁同龢	核心官员	北京	电报、奏折	六月十三起持续关注	八月十八起持续关注	三月起持续关注
蔡元培	普通官员	北京	报纸、人际	六月十三	八月二十九	四月初六
皮锡瑞	读书人	江西湖南	报纸、人际	六月廿四起持续关注	九月初四起持续关注	三月廿三起持续关注
张棡	读书人	浙江	报纸、人际	未见	未见	四月初六
刘大鹏	读书人	山西	口头	未见	十月十四模糊知晓	四月十五

　　具体地说，全国性的震动可以从时间和空间两个维度衡量。尽管有些日记只是部分地被整理呈现（如张棡、刘大鹏），但从表一可知，分散各地的读书人依靠社会传播的三种媒介，仍逐步实现了对事件的同时性关注，尤以平壤战败与议和时为显著。由于电报的出现，信息传输的速度大为增加。早在1884年中法战争时，电报就使"以往费时需要四十多天传送的消息缩短为两三日可达之事"（周永明，2013：74）[2]；到了1894年，朝鲜的战争信息当日可达北京。这自然惠及了新闻纸的报道以及读者的阅读，"电报对诸如《申报》那样的中文报纸的影响深远……缩短了从事件发生到新闻报道触及公众所需的时间，并能及时提供有关事件进展和公众反应的追踪报道，从而提升了新闻对大众的影响力"[3]（75）。由此，不同地域的人实现一种接近同步性的阅读、谈论和情动就成为可能。新闻纸作为"新媒

1 当文章涉及较多的叙述主体或线索时，可以用图表作为文字的补充。学术论文中的图表应力求简洁、朴素，尽量不用太花哨的形式，应避免和文章风格冲突。

2 在叙述中，有些话可以用引文代替，不必都是自己的陈述，但引文要能够较好地嵌入文章之中。这样也可以让文献均匀分布于文章中，增加文章的学术感。

3 如果引文中有较多的冗余信息，可以在不影响阅读的情况下，用省略号略去一段文字，以保证引文的简洁。

1 这两个重要的文献强有力地支撑了作者的观点。

2 "谈论国家"是一个非常零散的行为，这个部分用于组织经验材料的逻辑框架较难寻找，这里的"时空""文化—政治""自我/他者"框架来源于下文中引用的一个文献。

3 塔尔德的论述数次出现在这篇文章中。来源于同一文献的不同引文，可以分散在文章中不同部分，此即为做好文献资源配置的一个例证。

4 这是与文献"说话"中的同义转换和延伸表达。

体"的力量就蕴藏在此，无论是安德森（Benedict Anderson）（2005）的"想象的共同体"，或是塔尔德（Gabriel Tarde）（2005：237）所说的"激励民族活力并使之万众一心、众志成城的，正是报纸每天波动的情况"，[1] 都建立于这种时间上的同时性。

谈论国家：时空、文化—政治与自我/他者[2]

虽然阅读是偏向个人化的活动，分散于独立的时空，但读报却具有激发公共交谈的能力。塔尔德（2005：234）说，报纸"改变了个人谈话，既使之丰富多样，又抹平其差异，使人们的谈话在空间上整合、在时间上多样化；即使不读报但和读者交谈的人也会受到影响，也不得不追随他们借用的思想，一支笔足以启动上百万的舌头交谈"。[3] 恰如其言，[4] 在战争与议和期间，读书人的交往世界出现了普遍的变化：从谈诗说文转向议论时事。人们不再主要关心缺乏现实意义的古典文献，而将注意力聚焦于眼前的国家事务；他们不断交换听来或读来的最新消息或评论，对国家的感知以碎片化的形式日积月累。

交谈是无所不在的日常实践。尽管其重要性常被强调，但由于谈话的内容飘忽不定，理念也甚难操作，因而很少真正进入研究的视野。Skey（2011：11）尝试将"话语"理解为"以一种特别的方式谈论、理解和实践世界的方式"，并将其运用于人们谈论国家的语境之中。他指出，关于国家的话语实践往往包括五个维度：空间、时间、文化、政治以及自我／他者。[1] 本文将借用并综合这五个维度，[2] 以皮锡瑞持续而详尽的日记为材料（吴仰湘，2015；下文引用该文献只标明页码），分析他及友人在战争与议和时期谈论国家的方式，以及这些话语实践之于读书人与国家关系的意义。之所以围绕皮锡瑞展开叙事，首先是因为他在此期间的日记非常完备，相关阅读、交往和感受均有记录，不仅可以知晓读了什么，还能进一步探究交谈内容和心灵世界；其次与他的社会身份和生活经历有关，在本文所列的五位读书人中，皮锡瑞处于"中间状态"，既不在官僚体制之中，也不同于闭塞之地的刘大鹏，他的经验可能汇集了晚清读书人更多的共性。

（正文略去数段）

情动国家：悲痛、愤怒与羞耻[3]

在一个民族国家之中，其成员往往"代表了一种共同的情感"（米勒、波格丹诺，1992：493）。战争与议和期间，除了持续阅读和讨论时事之外，人们还接连生成了对国家的多样化情感。总体而言，在这一年里，读书人的心情是普遍压抑的。讨论近代中国的民族国家，他们在甲午乙未年间遭受的痛苦、愤怒和耻辱，是绕不过去的议题。

[1] 这一文献给"谈论国家"提供了一个非常好的逻辑框架。

[2] 相关理论或论述提供的逻辑框架并不一定是固定的，可以根据自己的研究，做适当的修改。这里，五个维度被综合为三个：时空、文化—政治、自我／他者。

[3] 这三种情感是材料中显现出来的主要情感类型，其排序隐含着逐步递进的逻辑。在经验分析或史料叙事的部分，应注意段落书写的层次性。

情感并不仅仅属于个人心理的范畴，而且是具有社会性的事物。面对复杂多变的情感，社会学的早期研究指出了四种基本的情感类型：恐惧、愤怒、悲痛和高兴（特纳、斯戴兹，2007：3）。随着研究的深入，Thomas Scheff（2015）进一步界定出人类基本的情感类型，包括"悲痛、害怕、愤怒、自豪、羞耻"等。[1]本节将借用Scheff的界定，以皮锡瑞日记为主要史料，发掘当时的读书人在这一年中生成的主要情感类型，这里面的每一种情感类型都指向着共同的对象，从而将远近不同的读书人联系起来。

（正文略去数段）

由上可知，悲痛、愤怒和羞耻彼此交织，构成了1894年到1895年之间读书人的情感世界。[2]"情感是一种动机力量，因为它不仅使人们的主观体验有序，而且赋予人们以力量，指导行动的方向"（特纳、斯戴兹，2007：8）。由于对这些情感有着共同的理解，读书人常常彼此交流，因此它们就不再局限于私人领域和内心世界，[3]而成为Berezin（2002：44—45）所说的"共同体的情感"（community of feelings）："一个情绪的舞台，公民扮演和经历集体民族情感的有界限的空间。"在这个舞台中，读书人的种种情感实践生成了关于国家的共同感。就个体的情绪看，尽管"恐惧、愤怒和悲伤等都是负面的情感，常常造成人与人的疏离"，但是作为一种公共的情感，它们"是把人们联在一起的'黏合剂'，可生成对广义的社会和文化结构的承诺"（特纳、斯戴

1 这条文献为这部分的材料提供了情感分析的框架。

2 一般而言，经验分析部分遵循着总分总的结构顺序。这里是对情动部分的总结。

3 这里尝试将情感从个体层面引向公共层面，是对经验材料的总结和升华，有助于提升文章的学术意义。

兹，2007：1）[1]。在"中国的一年"里，这些情感使读书人"休戚与共"。

结语：同一个中国[2]

由上文可知，甲午乙未这一年间，分散各地的读书人因社会传播的新情形，第一次对国家产生了同步、持续且具体的感觉。[3]他们的日常生活发生了不同程度的政治化，尤以蔡元培、皮锡瑞和张棡为显著。此一变化的过程可以概括为，"读书人曾将'前人世界'的学问视作唯一的信仰。到1894年，新闻纸才将人们的思虑普遍转入'共同世界'"，从而"形塑了一种'追求现在、关心国家'的现实主义精神"（卞冬磊，2015）。

在这几位当中，又以皮锡瑞的记录最为详尽，这使他日常的阅读、交谈和情感具有分析上的集中度和完整性。其他几位读书人留下的痕迹，或有些零散，但有限的材料也能显示，他们对国家的忧思有着诸多的相通之处。[4]譬如，张棡也不时与友人"谈时事"，1895年五月十三即记有："余因应君、陈君新自京师回，与纵谈时事。闻今日和约虽成，台湾民心不服……"（俞雄，2003：25—26）翁同龢作为战争的核心决策者，其日记多实录电报和奏折，偶尔才流露情感，但平壤战败后，他不止一次"感怀时事，悲从中来"（陈义杰，1997：2745）；旅顺失守时"愤虑填膺"（2754）；割让台湾时则"真

---

1 包括此处，这一段中的几处引用是修饰性的。引文较为自然地融合在文章的叙述之中，平衡了作者较为平淡的文字。

2 学术论文的结尾非常重要，不能太短，要素要写全。

3 结尾的第一段话是总结全文，但这里没有概括得很好，或许应该按照摘要中的研究发现那样去写，会呈现得更详细一些。

4 这篇文章用皮锡瑞的日记较多，这里补充说明其他人的情况，是进一步强化文章的论证。

可愧死"（2792），可见也不能免于悲伤、愤怒或羞愧。

如果要在他们之中寻找差异的话，那么，能否不间断地接触到新闻纸是影响其行为的一个关键性变量。[1]五人中，翁同龢主要依靠电报和奏折，处于信息接收的"上游"，受民间刊行的新闻纸影响不大。但是对蔡元培、皮锡瑞和张棡这样处在官僚体制的非核心地带或之外的人来说，新闻纸不仅是主要的消息来源，也是激发讨论和刺激情感的媒介。这几人可以看作是京师和沿海地区读书人的代表，他们或住在政治中心，或活动于沿海与通商口岸，或依水而居，均是上海新闻纸容易到达的地方。而处于内陆乡村的刘大鹏，消息来源主要依靠口头，对国家的认知就谈不上清晰，确切的讨论更难展开。事实上，他的变化要稍晚一些。1902年以后，当《晋报》在山西出版时，刘大鹏的阅读世界才出现新闻纸，其国家认知相应发生实质变化："与过往的'道听途说'相比，报刊所呈现出来的是一个建立于具体事务基础上的'国家'图像。"（卞冬磊，2013）刘大鹏的个案说明了近代"中国"的认知和实践在民众日常生活中发展的不平衡，尽管他也笼罩在本文开头所描述的那个传播网络之中。

孔飞力（2003：56）说[2]："民族国家是一个更具有可变性的概念，它不仅以一种不确定的方式伸展到普通中国人中去，到了19世纪后期，更在中国面临亡国灭种恐惧的影响下被激发出来。"诚如其

1 这个段落是要解决文章的遗留问题，因为前面的内容主要集中于论述五个人的共性，而这里有必要去阐述一下差异性；同时，将新闻纸的角色凸显出来，为后续阐释研究意义做好铺垫。

2 这一段及以下的部分进一步阐述研究意义。由于历史类论文通常没有单独的理论对话部分，所以有关学术价值的讨论常常出现在结尾中。

言，近代中国的民族国家是在面临的外部压力中被动呈现的。在1894年到1895年间，读书人主要是在日本的阴影下，产生了对于国家的普遍感觉。稍微再延伸下历史的视界，即可知晓日本作为帝国主义，深入参与塑造了近代中国的历史进程。恰如柯博文（Parks Coble）（2004：中文版序言2）指出："一个又一个事件的无情压力不停煽动着中国民族主义的火焰，它形成了20世纪30年代的历史。"[1]

我们业已知晓很多关于近代中国亡国灭种的危机叙事，并理解1895年作为起点的意义。然而，对孔飞力所说的民族国家如何以稳定的而不是"不确定的方式"，伸展到普通中国人的日常生活，还探索得太少。

以往研究总体偏向从思想史路径，寻找民族主义的蛛丝马迹，[2]譬如Cohen（1967）在王韬身上发现了"初期的中国民族主义"（incipient Chinese nationalism）。不得不说，这种民族主义只有个体的意义，仍然是一种不确定的方式。本文与思想史路径不同，通过探究读书人的阅读、交谈和情动，探讨民族国家是如何生成于日常生活的，[3]这实践了Brubaker（1996：7）关于国家的认识论[4]："国家是一种实践的范畴、体制化形式和各类事件的构成。它是一系列实践而不是叙述。要理解民族主义，必须理解对国家的使用，一种塑造感知、刺激思想和经历、组织话语和政治行动的方式。"

民族国家要变成日常生活的确定形式，必须具

1 这个引用不仅有叙事的作用，也增加了文章的学术感。

2 这里继续进行合法性论证，借此阐释学术意义。可见，合法性论证是学术写作贯穿始终的任务。

3 这里试图阐明论文的第一层学术意义，即和民族主义、民族国家既有研究的不同，从而确定文章对这个知识脉络的贡献。

4 这个引用的形式很灵活。引用不一定总是"某某说"的形式。

1 这里继续对研究意义进行延展,将对研究价值的阐述拉回到新闻传播学科之中,作为本篇文章的第二层学术意义和学术贡献。

2 这里突出了本文的核心变量——新闻纸阅读。接下来分两个层次阐述了这一实践对于本研究的意义。

备某种物质性的条件。从传播的视角看,在 1894 年到 1895 年之间发生的种种关于国家的交谈、思考和情动,是建立于"读报"这个实践之上的。[1] 在 19 世纪前期,中国社会其实发生过许多理应令人震惊的事件,但却从来没有在民众之中形成类似甲午乙未年的那种集体的共振。譬如,常常被作为近代史开端的鸦片战争,真正产生的社会影响很小,战争时期与蔡元培境遇相似的曾国藩,就从未关注过它的进程;而第二次鸦片战争发生时,即使是"火烧圆明园"这样的屈辱事件,也未能引起多少警醒,这证明了本文所涉及之社会传播的重要性。

具体而言,在 1895 年的中国,已经形成"电报 — 新闻纸 — 口头"这个三位一体的传播网络。如前所述,在此网络中,发行已较为广泛的上海新闻纸扮演着核心角色,[2] 它们通过派出记者、采用电报新闻、翻译外报等方式,持续地报道战争与议和的进程。在这一年间,清政府还从未意识到新闻纸这种"现代文化形式"的力量,因而关于战争失败的新闻和议论从未受到干涉。就阅读而言,其实早在中法战争之后,《申报》就已在不少洋务官员和读书人之中流行;到甲午时,其影响随发行网络扩大而进一步增强,组织起蔡元培、皮锡瑞、张棡这类广泛散布于京师、沿海和沿江地区的读书人,新闻所到之处就是民族国家意义的生成之地。不仅如此,读报还促进了民族国家在日常的"再生产",激起了读书人的交谈和情动。国家就这样被分散于不同地理空间的读书人，同时且持续性地生产出来。正是在这个意义上，1894 年到 1895 年的中国读书人，借由新闻纸的连接而拥有了政治意义上的"同一个中国"。这个处于变化之中、有着现时特性的共同体，显著地区别于他们很早就认同的那个以道德、文化和科举维系的文化中国。[1]

1936 年 5 月 18 日，上海左翼文人在《申报》征文，邀请社会大众以 5 月 21 日的素材记录生活，来稿甚多，后由著名作家茅盾编成《中国的一日》。[2]然而，在沈松侨（2009）看来，《中国的一日》虽然充满"国族叙事的印痕"，但其意义却不过是"一日的中国"，因为现实生活可能将很快进入"无可避免的柴米油盐、喜怒哀乐，乃至邂逅的路旁小花、天际云彩"[3]。与 1936 年的社会情境不同，本文描述的 1894 年到 1895 年之"中国的一年"，只是一个时代的开始。随着传播媒介的进一步扩散，以及读书人群体入世精神的日益坚韧，日常生活中对国家的种种实践持续不息。尽管近代中国的历史充满着失去和悲情，但是"伴随着对失去之物的放弃，存在着将情感投身到新事物中的重新定位，按弗洛伊德的话，新事物可以是抽象的，就像是新的国家、新的政体或者新的政治关系"（Montville，1995：161）。[4]

参考文献（略）[5]

---

1 这几句话是对本文学术意义的凝练总结，同时也呼应了本文的正标题"'中国'的一年"。

2 论文的结尾再次回到叙事。

3 这里引用的文字很文学化，让文章松弛下来。一般而言，在社会科学研究中，这里应该是书写研究限制的位置。

4 用一个学术化的引用作为结尾，展现了未来感，给文章留下了较为丰富的想象空间。社会科学论文则可以在这里提出新问题，展现出一种再出发的开放姿态。

5 论文的参考文献应该形式丰富，中文、外文文献，书籍、期刊等应综合使用，且一定要选择重要的文献。

后 记

2019 年，我在香港中文大学新闻与传播学院访问期间，旁听了李立峰教授开设的"新闻传播学术写作和发表"课程，印象最深的是学生作业上密密麻麻的批改痕迹，这个片段刺激了我。我由此想到自己的学生，他们在本科和研究生阶段可能做了很多研究计划、学习了很多研究方法，却很少受到写作的实际训练——写作似乎是不可教的；也很少有作业的及时互动——交出去的论文往往只有一个分数却不知为何如此。这是不合理的。

虽然"文无定法"，但是学术写作有其特定的思维逻辑。2020年起，我鼓起勇气开设新课，以反思自己的研究为主，并参考其他优秀的论文，先后在南京大学、华东师范大学开设"新闻传播学术写作"相关课程，迄今已六年。课程注重学术思维和写作训练，同学们需跟着课堂节奏，在一学期时间内（有时加上暑假）完成一篇 15000 字左右的论文。同学们按照时间节点提交选题、缘起与问题、文献综述、经验分析、全文等作业。每次收到作业后，我都及时批改，忙得团团转，力求做到每一位同学的作业都有批注，并在下一节课上讲解作业中存在的共性问题。

虽然批改和反馈作业增加了工作量，但也加深了我和同学们的彼此理解。在批改作业时，我形成了一种"建设性"的思维模式，即如果我来做这个题目，我会怎么做，我将怎么写，由此提出思路供同学们参考。由于有一种"设身处地"的同理心，加上批改尚算细致，反馈及时，有同学戏称其为"保姆式"教学，评教常接近满分，亦不时有师友来要课程PPT或录音。我转念一想，此类知识不应只限于局部空间，而应追求更大的公共价值。借助北京大学出版社强大的专业力量，尤其是张亚如老师的帮助，历时一年，我终于将讲稿整理出来，由此才有了这本《学术写作十讲》的出版。

本书从课堂讲稿而来，带有一定的口语风格——也许它也是适合听的文本。感谢在本书中出现的作者、匿名评审和期刊，是你们的文字给本书增添了色彩。然而，学术写作是内向型的实践知识，必然夹杂很多个人化的叙事。需要说明的是，这本书里有很多例证是作者自己的研究，有不少还作为优点来列举，这并不是要自我表扬，而只是因为我对这些作品最了解，心路历程更为真诚和真实，请读者批判性地看待这些文章。最后，由于作者偏向人文和质化研究，所以这本书也有这个风格，虽然我认为量化和质化研究的学术写作殊途同归，但仍请大家鉴别。

这本书原名为《规范与灵动：学术写作十讲》，出版时去掉了主标题，但"规范"与"灵动"两个词仍然表达了我对学术写作所持的主要观点：首先要朴实规范，按照论文的形式思维做好每一步；在此基础上，也应该追求灵动——不仅仅是语言，也关乎文字背后的思想和情感。